KB266420

장애를 가진 아이들은
어떻게 어른이 되는가

장애를 가진 아이들은
어떻게 어른이 되는가

장애를 가진 아이들은
어떻게 어른이 되는가

1판 1쇄 인쇄 2026. 4. 1.
1판 1쇄 발행 2026. 4. 10.

지은이 권용덕

발행인 박강휘
편집 이복규 | 디자인 유향주 | 마케팅 김나연 | 홍보 박상연
발행처 김영사
등록 1979년 5월 17일(제406-2003-036호)
주소 경기도 파주시 문발로 197(문발동) 우편번호 10881
전화 마케팅부 031)955-3100, 편집부 031)955-3200 | 팩스 031)955-3111

값은 뒤표지에 있습니다.
ISBN 979-11-7332-597-7 03300

홈페이지 www.gimmyoung.com   블로그 blog.naver.com/gybook
인스타그램 instagram.com/gimmyoung   이메일 bestbook@gimmyoung.com

좋은 독자가 좋은 책을 만듭니다.
김영사는 독자 여러분의 의견에 항상 귀 기울이고 있습니다.

장애를 가진 아이들은 어떻게 어른이 되는가

권용덕 지음

김영사

사회로 나서는 우리 이웃의 이야기

저는 특수교사입니다. 2007년부터 현장에서 아이들을 만나오고 있습니다. 주로 장애가 있는 고등학생들을 만나다 보니, 졸업 후 아이들이 어떻게 살아갈까 늘 걱정이고 고민이었습니다. 우리 대다수는 학교라는 공간에서 청소년기를 보냅니다. 청소년기라는 시간은 누구에게나 낯설고 복잡하지만, 장애가 있는 청소년에게는 좀 더 복잡하게 오랫동안 머무는 듯합니다. 흔히들 말하는 또래보다 천천히 자라난다는 의미가 아니라, '당신은 아직 준비가 안 되었다'는 말 앞에서 성인이 된 이후에도 계속해서 미성숙한 존재로 취급되는 시간이 길게 이어지기 때문입니다.

학교를 졸업한다는 것은 한 시기를 마무리하는 일입니다. 하지만 장애가 있는, 특히나 발달장애가 있는 청소년에게 졸업은 '끝'이라기보다 보호와 제도 속에서 비교적 선명하던 길이 갑자기 흐려지는 순간에 가깝습니다. 졸업과 함께 학교라는 울타리 안에서 받아오던 국가의 돌봄과 교육의 안전망은 썰물처럼 빠져나가고, 그 자리에는 오롯이 당사자와 가족이 감당해야 할 막막한 현실만이 남기 때문입니다. 그래서 "선생님, 학교 다닐 때가 제일 좋았어요"라는 부모님들의 말은 감사함보다 아픔으로 다가옵니다. 그것은 곧 학교 이후의 삶이 그만큼 척박하다는 방증이니까요.

"특수교사에게는 제자가 없다"라는 말이 있습니다. 졸업 후 찾아오는, 그리고 연락되는 아이들이 대체로 없기 때문입니다. 아마도 장애 자체가 그 원인이거나 졸업 후 아이들의 삶에 대한 학교와 교사의 관심이 옅어지기 때문이기도 합니다. 그래서 저는 졸업한 아이들과 계속 연락하며 만나오고 있습니다. 연락이 가능한 친구들은 직접 연락을 주고받고, 장애가 심한 친구들은 부모를 통해서 아이들의 살아가는 모습을 전해 들으며 연을 이어가고 있습니다. 교육 현장에 20년 정도 있다 보니 졸업생 중에는 마흔이 되어가는 친구들도 생겨났고, 나이가 들어갈수록 사회에서 그들이 참여할 자리가 많지 않다는 것을 알게 되었습니다. 그들도 사회의 한 구성원으로 삶을 이어갈 권리가 있음에도 받아주는 곳이 많지 않은 게 현실이었습니다. 학교라면 교사가 도움을 줄 수 있겠지만 성인이 된 아이들에게 '성인'이라는 축복이 아이러니하게도 그들을 더욱 약자로 살게 했습니다. 그래서 저는 그 친구들의 나이에 맞는 사회적 서비스를 연결하고 지원하기 위해 계속해서 공부하고 있습니다. 한번 맺어진 인연은 계속해서 이어가고 있고, 졸업한 친구들의 취업, 진학, 이직, 돌봄, 자립 등을 지원하며 아이들의 보이지 않는 지원자가 되려고 합니다.

많은 사람에게 물었습니다. 학교를 함께 다녔던 장애가 있는 친구들을 졸업 후에도 만난 적이 있냐고요. 아무도 만난 적이 없다고 합니다. 그렇지만 그들이 어떻게 살아가고 있는지는 궁금하다고 말합니다. 이 책은 여기에서 시작되었습니다. 모두가 궁금했지만, 그 누구도 알려주지 않았던 이야기를 들려주고 싶었습니다. 우리가 사회에서 대부분 만나고 있는 지체장애, 시각장애, 청각장애 당사자뿐만 아닌, 학교를 다니며 만나왔던 발달장애 친구들의 이야기를 전해주고 싶었습니다. 일을 하고 있는 친구들도 있지만, 장애가 심해 일을 하지 못하는 친구들의 이야기까지요. 그래서 전국 여러 곳의 사람들을 찾아가 이야기를 들었습니다. 그들이 어떻게 살아왔는지, 그리고 지금 어떻게 살아가는지, 앞으로는 또 어떻게 살아갈 것인지 물었습니다. 그들의 이야기를 통해 그들이 사는 세상을 함께 들여다보고자 합니다.

장애가 있는 당사자와 부모, 가족 등 여덟 팀을 인터뷰해 청소년기를 지나 성인기로 진입하는 과정을 심층적으로 들여다보았습니다. 이들은 각기 다른 환경과 조건 속에서 학교를 졸업했고, 서로 다른 방식으로 사회와 관계를 맺고 있었습니다. 이야기 속 사람들은 저와 오랜 기간 인연을 이어오고 있습니다. 짧게는 2021년에 처음 만나 지금까지 안부를 주고받으며 만나고 있는 제자들부터, 길게는 40년을 넘게 만나오는 분도 계십니다. 이들과 지속적인 만남과 상담을 통해 취업, 이직, 독립과 같은 삶의 전환점을 같이 고민해왔고, 그 과정에서 기록한 내용을 인터뷰와 함께 정리했습니다. 학교폭력에 시달렸지만 누구보다 강인하게 자라난 민지, 자신의 장애로 받아온 상처를 아이들에게 물려주지 않으려 특수교사가 된 혜정, 그저 남들처럼 안정적인 일자리를 구하고 싶은 현준, 자녀의 장애 진단과 함께 아이의 삶에 자신을 쏟은 태훈 엄마와 승우 엄마, '가장 싫지만 가장 좋았던' 고등학교 시절을 보낸 윤경, 특수학급에서 벗어나고 싶은 성민, 사회복지사를 꿈꾸는 대학생 영호, 장애와 노화라는 이중고를 겪고 있는 정은과 정애의 이야기입니다.

이 여덟 개의 이야기는 각각 하나의 사례연구이자, 동시에 우리 사회의 장애인식과 제도를 비추는 거울이라 생각합니다. 이야기 사이사이에 배치된 논의들은 장애인식, 유니버설 디자인, 장애인의 노동, 부모의 삶, 장애인의 자립, 통합교육, 대학 진학, 그리고 장애와 노화라는 주제를 중심으로 구성되어 있습니다. 이는 이론을 설명하기 위한 것이 아니라, 실제 삶의 맥락 속에서 개념이 어떻게 작동하고 있는지를 보여주기 위함입니다. 삶과 개념이 분리되지 않을 때 우리는 비로소 현실을 정확히 이해할 수 있으니까요.

이 책은 장애인을 동정하거나 이상화하지 않습니다. 또한 감동적인 극복 서사를 전면에 내세우지도 않고요. 대신 지금 이 사회에서 장애인, 특히 발달장애인이 어른으로 살아간다는 것이 무엇을 의미하는지를 기록했습니다. 여기에는 성취와 가능성뿐 아니라, 반복되는 좌절과 포기, 그리고 말해지지 않았던 불안도 함께 담겨 있습니다.

발달장애인의 성인기는 여전히 제도적으로 취약합니다. 학교 이후를 책임지는 사회적 장치는 충분하지 않고 선택지는 제한적입니다. 직업의 연결은 쉽지 않고 자립은 개인과 가족의 부담으로 남습니다. 대학 진학과 평생교육의 기회는 일부에게만 허락된 가능성으로 존재하고요. 통합교육을 경험했음에도 성인이 되어 다시 분리된 공간으로 이동하는 경우도 적지 않습니다. 이 책은 그러한 단절의 지점을 개인의 실패가 아니라 사회의 구조로 읽고자 합니다. 또한 개인의 이야기와 사회적 질문이 분리되지 않도록 구성했습니다. 한 사람의 삶을 따라가다 보면 자연스럽게 제도의 빈틈이 보이고 정책의 한계가 드러나게 됩니다. 동시에 그 틈을 메우기 위해 당사자, 가족, 교사가 감당해온 무게도 함께 드러납니다. 저는 이 책이 장애인의 삶을 '특별한 경우'로 보는 책이 아니라, 우리 사회가 어떻게 청소년을 어른으로 키워내고 있는지 묻는 책이 되기를 바랍니다.

특수교사로서 저는 그동안 '현재의 교육'에 집중해왔습니다. 그러나 책을 쓰면서 분명해진 것은, 교육의 책임이 졸업과 함께 끝나지 않는다는 사실입니다. 학교 이후의 삶을 상상하지 않는 교육은, 결국 학생을 사회에 홀로 남겨두는 일이 될 수 있습니다. 이 책이 발달장애인의 성인기를 둘러싼 논의를 조금 더 구체적이고 현실적인 자리로 옮겨놓을 수 있기를 바랍니다.

이 책은 어쩌면 한 명의 특수교사가 쓴 기록이겠지만, 동시에 저 혼자 쓴 책이 아니기도 합니다. 인터뷰에 응해준 당사자와 가족은 자신의 가장 사적인 기억과 감정, 때로는 부끄럽고 아픈 경험까지 용기를 내어 나누어주었습니다. 그들의 목소리가 왜곡되거나 소비되지 않기 위해 저는 가능한 한 '설명하는 교사'가 아니라 '듣는 기록자'가 되려고 노력했습니다. 일부 표현은 이해를 돕기 위해 정리하고 해석했지만, 주저함과 망설임, 긴 침묵까지도 이야기에 최대한 남겨두려 했습니다. 우리는 흔히 장애인의 삶을 '장애를 이겨낸 감동 스토리'로 포장하거나, 반대로 '끝없는 고통과 희생의 이야기'로만 소비하곤 합니다. 이 책은 그 어느 쪽에도 서지 않습니다. 그들의 삶은 우리 모두의 삶과 마찬가지로 성공과 실패, 욕심과 체념, 웃음과 한숨이 뒤섞인 복잡한 이야기이기 때문입니다.

이 이야기를 통해 독자 여러분이 다양한 사람들의 삶을 이해하고, 함께 살아가는 세상에 대해 고민해보는 시간을 가졌으면 하는 마음입니다. 누군가를 알아가는 것은 익숙함을 만들고, 이 익숙함은 서로를 함께할 수 있게 합니다. 세상은 결코 혼자서만 살아갈 순 없고, 언젠가 우리는 서로를 도우며 살아가게 됩니다. 이 책을 통해 누구도 알려주지 않았던 그들의 세상을 많은 이들이 알게 되기를 바랍니다.

2026년 봄, 권용덕

차례

사라진 아이

민지의 이야기

아이가 사라졌다. 학교에 등교했던 아이는 어딜 갔을까.

애타게 아이를 찾던 중 하교 시간이 다 되었을 때, 아이는 교실로 돌아와 아무 일 없었다는 듯 자리에 앉았다. 아이는 어디에서 무엇을 하다 돌아온 걸까?

민지는 중학교 2학년 때 학교에서 몇 번 사라졌다 돌아오기를 반복했다. 그 이유를 물어도 대답하지 않던 민지는, 알고 보니 1교시가 시작되면 학교 화장실로 가서 하교 종이 치기 전까지 그곳에 앉아 있었다.

"애들한테, 친구들한테는 그냥 개인 사정으로 전학 간다고 얘기했는데, 선생님들한테도 그렇게 얘기를 하고 왔는데 실제로는 전혀 그렇지 않았어요. 그 친구들과 관련이 있는 학교폭력을 많이 당했어요. 그게 너무 힘들어서 차라리 전학을 보내달라고 해서 전학을 갔죠."

학교폭력이 두렵고 힘들어 화장실에서 시간을 보냈던 민지는 주변에 도움의 손길을 기대했으나, 뜻대로 되지 않아 스스로 전학을 결정했다고 한다. 하지만, 사실은 담임이 이러한 사건이 계속되자 어머니를 불러 전학을 권했고, 민지의 어려움을 보다 못한 어머니는 자녀를 위해 전학을 결정한 것이었다. 그렇게 민지는 중학교 2학년 때 새로운 학교로 전학을 가게 된다.

학교폭력이 발생했는데
왜 피해자인 민지가 전학을 갔을까?

"너를 괴롭혔던 애들이 있어서, 힘들어서 전학을 결정한 거였어?" 무겁고 힘든 질문이라 미안했지만, 민지의 생각이 듣고 싶었다.

"너무 힘들어가지고…." 잠시 침묵이 흘렀다. 어떻게 괴롭혔냐는 나의 물음에 민지는 담담히 이야기를 이어갔다.

"중학교 1학년 때는 반 애들도 전체로 괴롭혔고… 1학년에 여섯 반 정도까지 있었는데 거기 애들이 저를. 저는 그 애들을 잘 모르는데 저를 아는 사람처럼 선생님들이 앞에 있을 때는 '저, 얘랑 친해요' 그러면서 친구인 척, 착한 척하고 뒤에서는 엄청 괴롭혔어요."

한두 명의 괴롭힘으로 시작된 일이 한 반이 되고, 시간이 지나 한 학년 전체가 민지를 괴롭히기 시작했다. 하지만 그게 끝이 아니었다.

"제가 학교폭력을 당했다고 했잖아요. 근데 애들이 화장실에서… 여자 탈의실이 없어서 체육 시간에 체육복으로 갈아입으려고 화장실에서 갈아입는데 옆 칸 화장실 변기에 올라가서 핸드폰 카메라로 찍은 거예요. 그래서 제가 옷을 빨리 갈아입고 따라가서 지우라고, 왜 맘대로 찍냐고 기분 나쁘다고 했는데 안 지우고 재밌다고 그걸 애들한테 보여주고 그랬어요. 또 교실 종이 쳐서 교실에 들어가려고 했는데 들어가지 못하게 테이프 같은 걸 밑에다가 붙여서 넘어지게끔 하고, 넘어지면 엄청 좋아하고 다시 또 하자고 했어요." 이런 일이 있을 때마다 아이들은 친구인 척하면서 '친구니까, 친구니까 다 이해하라고, 장난이라고, 친구니까 괜찮다' 했다고 한다. 한번은 이런 일이 있었다고 했다.

"갑자기 5,000원을 저한테 빌려달래요. 근데 왜 제가 걔한테 이걸 빌려줘야 하는지 잘 모르겠는 거예요. 그래서 나는 싫다고 했는데 빌려주면 자기가 내일 안으로 갚는다고, 자꾸 뭐라 해가지고 믿고 빌려줬어요. 근데 얘가 안 갚고 다른 친구들 돈까지도 안 갚고 그래서 저는 끝까지 쫓아가서 결국 돈을, 걔 언니한테 전화해서 받아냈어요. 근데 그걸 왜 얘기하냐고 하면서 더 괴롭히기 시작했어요. 체육 시간에 여러 명이 함께 와서 괴롭히기도 하고 화장실에서 물도 뿌리고…."

더 충격적이었던 건, 괴롭힘의 중심에 있던 그 못된 아이를 길에서도 마주치기 싫었는데 고등학교 입학을 하면서 다시 같은 반으로 만나게 되었다고 한다.

"혹시 입학한 날 기억나니?"

"와서 입학식 했는지는 기억이 잘 안 나는데 그건 기억이 나요. 1학년 교실에 앉아 있는데, 저를 괴롭혔던 친구가 엄청 늦게 와가지고 걔랑 같은 반이 됐다는 게 엄청 충격이었어요. 또 걔랑 친한 남자 친구들이 있었는데, 담배 피고 양아치 같은 애들이어서 반이 좀 잘못된 거 같아서 속상했어요. 다행히 그 애는 학교를 많이 안 나왔는데, 한 번씩 나올 때는 너무 싫었어요. 오지 않았으면 좋겠다는 생각을 했었어요."

민지는 그 아이와 한 반이라는 사실을 알고 주변에 알렸지만 별다른 해결책은 없었다. 다행히도 그 아이는 학교를 자주 나오지 않았고, 얼마 지나지 않아 자퇴했다고 한다.

"그러면 이건 궁금한 건데, 너를 힘들게 했던 애들이 어떻게 살았으면 좋겠어?" 그 아이들에 대한 민지의 생각이 궁금했다.

"걔네는 미안하다고 사과도 안 하는 친구들이라서 벌 단단히 받고 그렇게 살았으면 좋겠어요."

"벌을 받았으면 좋겠어?"

"네…."

그러면 그 아이들은 학교에서 벌을 받지 않았던 것일까? 학교폭력이 발생하면 보통은 가해자가 봉사활동을 하거나 학급 재배치, 또는 경우에 따라 전학을 가게 되는데, 왜 피해자인 민지가 전학을 갔을까?

저는 차분하고 신중한 사람입니다

"중학교 때 제가 학교폭력을 당하고 있는 걸 담임선생님은 알고 계셨어요. 그런데도 제 편 안 들어주시고 '네가 그렇게 하니까 당연히 따를 당하지’ 이렇게도 얘기를 하셨어요.” 믿을 수 없는 말에 선생님이 정말 그런 말을 했냐고 다시 물었다.

“네. 그리고 제 탓을 너무 하셔서 선생님한테 제가 그랬어요. ‘이거는 제 잘못이 아니고, 제가 피해를 당했으니 제가 피해자 아닌가요’라고 따졌어요. 그랬더니 선생님께서 ‘네가 뭔데 선생님한테 따지냐’라고, ‘가라’라고 하셔서 어쩔 수 없었어요.”

민지의 말을 듣고 화가 너무 난 나는, 그 선생님의 이름을 다시 물었다. 수첩에 이름을 받아 적으며 내가 언젠가 학교에서 만나면 반드시 그 잘못을 묻고 따지겠다고 했다. 그리고 선생님에게 학교폭력을 알렸을 때, 가해자 아이들에 대한 조치가 있었는지 물어보았다.

“선생님께서 그 아이들에게 시켰어요, 나한테 사과하라고. ‘걔네한테 그냥 사과받으면 된 거 아니냐’ 그러면서 더 이상 아무 조치도 하지 않았어요. 그래서인지 사과를 안 해요. 그래서 선생님한테 ‘걔네들 사과를 안 해서 저는 기분이 매우 나빠요. 제가 어떡하면 될까요’라고 물었는데 선생님께서는 ‘사과 안 하면 어쩔 수 없지’ 하면서 그냥 넘어가셨어요.” 민지의 믿을 수 없는 이야기들을 들으며 수첩에 쓴 그 선생님의 이름을 다시 확인했다. 결국 민지는 사과를 기다렸고, 사과가 없으면 다시 선생님께 이야기했다고 한다. 마지막까지 사과를 받지 못한 민지는 스스로 이렇게 생각과 마음을 정리했다.

"선생님이 걔네들한테 그냥 저한테 사과만 하라고 얘기를 했나 봐요. 근데 제가 생각했을 때는 뭔가 사과를 받아도 제가 기분이 나쁘면 그건 사과가 아니잖아요. 어쨌건 그런 사과도 안 해서 안 한다고 얘기했는데 선생님께서 그냥 넘어가라고, 계속 그냥 넘어가라고만 했고 그러다 전학을 가게 되었어요."

담담하게 이야기를 이어가는 민지를 보며 화가 나기보다는 미안한 마음이 들었다. 아이들이 보호되어야 할 학교 현장에서, 자신의 편의를 위해 한 아이를 방치하고 교실 밖으로 내몬 교사로부터 민지를 지키지 못해서 너무 미안했다. 민지는 인터뷰 시작에서 자기소개를 부탁받고는 이렇게 답했다.

"저는 차분하고 신중한 사람입니다."

큰 상처를 받고 살아온 민지는 스스로 차분하고 신중해지길 바랐던 걸까. 민지는 학교폭력의 상황에서도 이미 차분하고 신중하게 선생님에게 이야기하고 도움의 손길을 기다렸다. 민지는 차분하고 신중한 아이임에도 학교에서는 아무런 도움을 주지 않았다. 이러한 어려움이 쌓여 마음의 문을 스스로 닫고, 교실보다 오히려 더 안전한 화장실에서 자신과의 시간을 보냈던 건 아닐까.

그럼 고등학교 와서도
(급식을) 계속 안 먹은 거야?

새로운 이야기를 하고 싶었다. 학교폭력이라는 주제에서 벗어나고 싶기도 했다. 민지는 고등학교 1·2학년 때 학교 급식을 먹지 않았다. 그 이유가 궁금했다.

"급식실에 약간 트라우마가 생겨서." 어떤 트라우마가 생긴 건지 조심스레 물어보았다.

"중학교 2학년 때, 밥을 먹고 있는데 모르는 선배들 네 명이 와서 '너 이거 먹으면 살쪄. 또 살쪄서 뒤지고 싶냐'라고 계속 뭐라고 하는 거예요. 몇 번 그러고 나니 밥맛 떨어지고 너무 무서워서 그냥 급식 식판에 있는 거 다 버리고 나갔어요." 그 일 이후로는 학교 급식을 먹지 않았다고 한다.

"그럼 고등학교 와서도 계속 안 먹은 거야?"

"아니요. 처음에는 먹었어요. 근데 중학교 때 날 괴롭혔던 그 아이와 몇 명 친구들이 와서 '너 같은 장애인은 여기서 빨리 죽어버려야 된다'라고 그냥 계속 그렇게 얘기했어요. 그러고는 그냥 없어졌으면 좋겠다고, 그냥 없어지라고 빨리 전학 가라고 하는 거예요." 아무렇지 않은 듯 민지는 지나간 이야기를 계속 이어나갔다.

"그리고 1학년 때는 특수학급 학생들이 먼저 먹고 뒤에 3학년, 2학년, 1학년 순으로 먹고 그랬거든요. 그래서 먼저 선생님(특수교사)이랑 같이 줄 서 있다가 선생님이 가시고 나면 모르는 선배들이 와서 '장애인이 여기 있네. 장애인이다' 하면서 계속 그렇게 얘기를 하는 거예요. 참고 무시하면서 밥을 먹으러 들어가면, '장애인이 밥을 먹고 있다. 저기 장애인이 밥 먹는 것 좀 봐봐' 이런 식으로 얘기하고 그랬어요. 그래서 그때부터 뭔가 좀 더 안 먹게 된 거 같아요."

학생들은 학년에 상관없이 가장 먼저 들어가는 특수학급 학생인 민지에게 불만이 있었고, 선생님이 가고 나면 그 불만을 민지에게 쏟아부었다. 불편하고 힘들면 피해버리는 게 익숙해진 민지는 자기 잘못도 없는데 밥도 편히 먹지 못했다. 그렇게 중학교 2년, 고등학교 2년을 보냈다. 고등학교 3학년이 되고 나서야, 선배들이 없어지고 나서야 편히 밥을 먹기 시작했다.

학교에서 민지와 생활하다 보면 민지가 늘 연락하고 만나는 친구가 있었다. 어쩌면 이 친구로 인해 어려웠던 지난날을 버텨왔을 것이다. 어머니의 말씀에 따르면 민지는 이 친구와 연락을 주고받기 위해 핸드폰을 늘 손에 쥐고 다니고, 엄마보다 더 가깝게 지낸다고 했다. 그리고 친구를 만나기로 약속하면 늘 선물과 편지를 준비하고 예쁘게 포장한다고 했다.

“민지는 친한 친구, 믿는 친구가 있니?”

“네. 있어요. 늘 연락하고 만나는 그런 친구가 몇 명 있는데, 특히 친한 친구가 한 명 있어요.” 그 친구는 민지를 어떻게 생각하냐는 나의 물음에 민지는 이렇게 대답했다.

“친절해서 좋다고 했어요. 내 친구가 그렇게 얘기를 해줬어요.”

“그럼 그 친구는 어떤 친구인지 한번 얘기해줄 수 있어?”

“되게 엄청 딱 봤을 때부터 쟤는 친구 해도 정말 괜찮은 친구겠다 했어요. 중학교 1학년 때 친구들 통해서 알고 지내온 사이인데 2학년 때 친해졌어요. 그때 같은 방과후 활동을 하면서요. 우리는 같은 조가 돼서 서로 이야기하면서 친해졌는데, 하루는 제가 급식실에서 친구들이랑 줄을 서고 있었어요. 근데 줄이 너무 길어서 조금 빠질 때까지 기다리려고, 그 옆에 벤치에 앉아 있다가 축구공에 눈을 맞았어요. 다른 친구들은 급식이 더 중요하다고 급식 먹으러 가고, 저는 너무 아파서 울고 있었는데 그 친구만 같이 보건실에 가줬어요. 그때부터 뭔가 더 좋은 친구는 이 친구인 것 같다는 생각이 들었어요. 그때부터 지금까지 제일 친한 친구 사이가 되었어요. 지금은 서로 좀 바빠서 자주는 못 만나지만 영상통화 자주 하고 그래요. 그리고 아이들이 나를 괴롭히면 주저앉아서 울고 그랬는데, 반 애들이 다가오면 그냥 웃는 애들도 있고 가버리는 애들도 있고 그랬지만 그 친구는 늘 저를 도와줬어요.”

　민지는 친구에 대해 말하는 동안 너무나 밝은 표정을 하고 있었다. 친구는 이렇게 생각만 해도 기쁘고, 어려울 때 도와주고 옆에 있어주는 게 아닐까? 민지를 버티게 해준 친구에게 고마운 마음과 미안한 마음이 들었다. 힘들었던 중학교 시절, 많은 아이들의 괴롭힘보다 큰 힘을 가졌던 한 명의 친구 덕에 민지는 이렇게 차분하고 신중하게 고등학교 생활을 해나갈 수 있었다.

편견 그런 거 없이
그냥 편안하게 지내고 싶어요

민지의 고등학교 시절에 대한 회상, 그리고 꿈이 궁금했다.

"민지가 다시 고등학교 1학년이 된다면 어떻게 지내고 싶어?"

"일단 안 좋은 친구도 안 만나고, 편견 그런 거 없이 그냥 편안하게 지내고 싶어요"

"편견 같은 것 때문에 힘들었어? 어떤 편견이 널 힘들게 했어?"

"편견이라고 하기는 약간 뭐한데, 무조건 장애인이라고 해서 전부 다 미친 사람이 아니라는 거요."

"편견이지. 나쁜 거야. 편견이 아니고 나쁜 생각이야 그건. 네가 잘못한 거 아니야 민지야. 그럼 혹시 친구들에게 하고 싶은 말 있어?"

"일반학급에 있는 친구들한테 부탁하고 싶은 게 있어요. 뭔가 작은 일이라도 오해가 있으면 직접 물어봤으면 좋겠어요. 그러고 나서 그게 맞는지 아닌지 확인해보면 좋겠어요. 자기네끼리 오해한 거를 저한테 묻지 않고 그냥 여기저기에다가 쟤가 저랬대 이런 식으로 얘기하는 거 안 했으면 좋겠어요. 오해가 없기를 바라요." 민지가 지내온 중고등학교 시절에는 많은 오해가 있었다. 믿음이 깨지며 생겨난 오해들로 민지는 오랫동안 힘들어했지만 누군가를 탓하며 슬퍼하지는 않았다. 다만 다른 친구들이 그러한 오해로 인해 자기처럼 힘들어하지 않길 바랄 뿐이었다.

"학교 다니면서 가장 의미 있었던, 재미있었던 수업이 있을까?"

"저는 봉사활동 한 거하고, 바리스타 수업 듣고 자격증 땄던 게 가장 재미있었어요."

"그랬구나. 그럼 민지의 꿈은 뭘까?"

"일단 아담한 카페를 차려서 일을 하는 거요, 음악 틀고." 민지는 바리스타로 취업해 일을 하고 나중에 돈을 모아 작은 카페를 열고 싶어 했다. 민지는 글 쓰는 재주도 있는데, 카페를 열면 좋아하는 음악을 들으며 글을 쓰고 싶어 했다. 그 꿈을 이루기 위해 고등학교 3학년 때 바리스타 수업을 듣고 연습을 꾸준히 한 끝에 자격증을 취득했다. 1년 동안 실제 운영되는 카페에서 주 1회 매주 실습도 했다. 꿈을 이루기 위해 학교생활을 성실히 해온 민지는 졸업하던 날 상을 세 개나 받았고, 원하던 카페에 바리스타로 취업도 했다. 인터뷰 때 혹시 나에게 할 말이 있느냐는 물음에, "없어요. 없어요"라고 대답했던 민지는 졸업하던 날 편지를 내밀었다. 편지에는 한 자 한 자 꾹꾹 눌러쓴 작은 글씨들이 이렇게 쌓여 있었다.

> 선생님 안녕하세요. 저는 3학년이었던 이민지 학생입니다. 선생님은 첨 뵈었을 때도 그렇고 지금도 그렇고 생각하는 것이 친절하시고, 저뿐만이 아닌 모든 학생에게 언제나 진심으로 따뜻하게 대해주셔서 좋은 분이에요. 사무보조 실습하러 가는 길이나 바리스타 실습 끝나고 학교로 다시 가는 길에 가끔 음료나 떡볶이, 햄버거 등등 사주시고, 취업 도와주시고, 점심시간에 가끔씩 먹거리를 챙겨주셔서 너무 감사합니다. 1년 동안 이야기도 잘 들어주시고 잘 대해주셔서 감사했고, 너무 감사합니다. 선생님 덕분에 여러 전시회를 보아서 좋은 경험이었습니다. 〈소수의 모험가들〉, 복지관 전시회 관람들이 재미있었어요. 낼 졸업식 끝나서도 다음에 선생님 뵈러 놀러 갈 거예요.
>
> 선생님께서도 저 잊지 마시고, 새해 복 많이 받으시고, 건강하고 행복한 일만 가득히 있길 속으로 응원하겠습니다 (선생님께서는 좋으신 분이라서 모든 일이 잘되시리라 생각해요).
>
> 스무 살 이민지 올림

마치 내가 민지에게 하고 싶은 이야기를, 민지를 통해 읽은 듯했다. 민지는 처음 만났을 때부터 지금까지, 모든 사람에게 언제나 진심으로 따뜻하게 대해주는 친절한 아이였다. 스스로 준비를 잘해서 취업도 한 번에 되고, 1년 동안 나를 믿고 속에 담긴 이야기도 해줘서 너무 고마웠다. 민지, 그리고 친구들 덕분에 여러 전시회를 보아서 좋은 경험이었고, 아이들과 함께한 모든 시간이 소중했다. 졸업을 하더라도 헤어짐이 아닌, 사회생활의 시작을 함께하는 그런 사이가 되고 싶다.

많은 상처에도 따뜻하고 강하게 잘 자라준, 무사히 졸업하며 취업까지 해준 민지에게 감사할 뿐이다. 그리고 아이를 보호하고 존중해야 할 학교에서 다시는 이러한 일이 일어나지 않기를 바란다.

공유하고 공감할 또 하나의 차이

졸업 후 5년이 지나는 동안, 민지는 몇 번의 이직을 거쳐 조건이 좋은 회사에서 일하며 살아가고 있다. 직장에서 만난 동료와 많이 친해졌고, 퇴근 후에 동료들과 많은 시간을 보내고 있다. 인스타그램을 통해 자신의 일상을 공유하기도 한다. 여느 청춘처럼 애인을 꼭 만들고 싶다는 민지는 한 번씩 친구들과 함께 학교를 찾아와 지난 일들을 이야기하며 연을 계속 이어가고 있다. 현재의 안정적 삶에 만족하고 있는 민지는, 사실 자신의 장애를 이해하고 스스로 수용한 지는 얼마 되지 않았다.

장애인식과 수용에 대하여

민지는 누구보다 자기 일에 최선을 다하는 아이였다. 학교 디자인 실습 시간에 손을 여러 번 베어가면서도 포기하지 않고 끝끝내 과제를 마치던 아이였다. 그래서 민지의 손가락은 늘 반창고투성이였다. 바리스타가 꿈이던 민지는 커피머신 조작이 익숙해질 때까지 점심을 먹지 않고 연습했다. 민지가 이렇게까지 노력했던 것은 남들보다 많이 뒤처지지 않기 위함이었고, 그래서 자신의 장애가 크게 드러나지 않으려는 것이었다. 민지는 자신이 '장애인'인 것이 싫었다. 그래서 자신의 장애를 인정하지도 수용하지도 않았다. 장애인은 남들보다 뒤처지고 부족하다고 여겼기에 누구보다 열심히 노력해서 그 차이를 좁히려 했다. 민지의 이런 생각은 계속해서 노력하는 모습으로 나타났고, 뒤처지면 안 된다고 스스로를 계속해서 옭아매는 삶을 살게 했다.

민지가 처음 취업한 카페는 장애 당사자를 고용하는 카페였다. 바리스타가 되고 싶어 늘 노력해왔기에 어렵지 않게 취업할 수 있었다. 하지만 민지는 처음부터 '장애인'으로 취업하고 싶진 않았기에 6개월 정도 근무하고 그만두게 된다. 그리고 장애인이 아닌 비장애인을 채용하는 일자리를 찾아 나섰다. '장애'를 우선해서 고용하는 곳이 아닌 일자리에 취업해서 자신의 장애를 거부하고 싶었던 것이다. 취업 연결을 해주는 애플리케이션을 이용해 편의점 일자리를 찾았고, 그곳에 지원하게 된다. 이력서를 본 점주는 면접을 요청했고, 민지는 면접에서 합격한다. 자신도 장애를 안고 살아가는 삶이 아닌 평범한 삶을 살아갈 수 있겠다는 부푼 기대를 안고 직원교육을 받았는데, 그곳에서 교육하던 담당자에게 이러한 말을 듣게 된다.

"남들은 두세 시간 만에 완벽하게 외워서 숙지하고 수행하는데 왜 넌 이걸 못 해? 지금 네 상태로는 취업 절대 불가고, 어디 취업하더라도 금방 짤릴 판이야. 도대체 어느 고등학교 나왔어? 검정고시 봤어? 아니면 날라리였어? 너 같은 애는 첨 봤다."

민지는 편의점에 비치된 50여 가지의 담배 이름을 외우지 못해 이런 수모를 당했다. 결국 사회의 냉혹한 평가를 견디지 못하고, 아니 남들은 쉽게 하는 것을 자신은 하지 못함을 알고는 취업을 포기했다. 그날 민지는 집에서 엄마를 붙들고 펑펑 울면서 술을 마셨다고 한다. 장애를 떼어내고자 했던 자신의 도전은 냉혹한 사회의 평가로 인해 상처만 남았고, 도리어 자신의 장애를 받아들이는 계기가 된다. 그리고 몇 달 후, 민지는 다시 장애 당사자를 고용하는 곳에 취업하게 된다. 취업을 계기로 오랜만에 만난 민지는 제법 담담하지만 아직은 슬픈 느낌이었다. 민지를 돌려보내면서 안타까운 마음에 문자를 보냈다.

"기운 내 민지야. 이 세상엔 널 아끼고 응원하는 사람들이 더 많아."

지금의 민지는 자신의 모습대로 세상을 즐겁게 살아가고 있다. 하지만 민지가 자주 만나고 연락하는 가장 친한 친구에게는 아직 자신의 장애를 알리지 않고 있다.

장애에 앞서 '사람'을 먼저 보기

장애는 무엇일까? 뒤에서 만날 한 아이는 자신의 장애를 이렇게 말했다.

"그냥 특수학급의 장애인, 저능아." 그 아이는 장애에 대해 스스로 인지하고 인정하지만, 부정적 수용 태도가 강했다. 특수학급에 온 것도, 장애인 등록을 한 것도 모두 후회하고 있었다. 심지어 자신의 삶이 힘들고 우울한 것이 모두 장애 때문이라고 생각했다.

언제부터인가 "장애는 개성이다"라는 말이 사용되고 있다. 개성은 개인의 고유한 특성으로, '저 모델은 참 개성 있다'처럼 개인의 특징이나 강점을 표현하는 긍정적 의미로 사용된다. 그렇다면 장애도 정말 그럴까? 장애가 정말 개성이라서, 장애가 있는 사람이 자신의 장애가 개인의 특징이자 강점이라 여기고 여겨진다면 아이들이 특수학급에 오는 것을 꺼려하고 부끄러워하는 건 왜일까. 장애를 개인의 일부로 보고는 있지만, 긍정적 의미로 사회에 작용되지는 않으니 사실상 장애를 개성이라고 말하는 건 틀린 말이다. 장애가 부끄러운 것이 아니고 자부심을 가져도 되는 의미 있고 가치 있는 것으로 사회에서 용인될 때, 그때 장애는 진짜 개성이 되는 것이다. 그래서 나는 장애가 개성이 되는 날이 하루빨리 오길 바란다.

그렇다고 장애가 나쁜 것은 아니다. 장애는 그저 그 사람이 지닌 하나의 특징이라 할 수 있다. 그래서 우리는 장애를 먼저 볼 것이 아니라 사람을 먼저 보아야 한다. 사람 앞에 장애를 두지 말고, 사람 뒤에 장애를 두는 태도가 필요하다. 장애라는 테두리에 갇히면 그 사람 자체를 보지 못하기 때문이다. 누군가를 만나고 알아가는 과정에서, 그 사람이 가진 '장애'를 어떤 태도로 대하느냐에 따라 서로의 관계는 달라진다. 장애를 먼저 본다면 장애의 특징들이 먼저 눈에 들어오게 될 것이다. 그 장애에 대한 사회적 편견과 함께 말이다. 반면 그 '사람'을 먼저 본다면 장애는 그저 그를 이루는 하나의 특징에 불과하다. 그래서 그 사람의 있는 그대로의 모습을 볼 수 있다.

장애는 극복의 대상일까?

오래전에는 장애를 개인의 문제라고 했다. 그래서 장애로 인해 나타나는 불편함을 줄이거나 없애기 위해 개인을 변화시키려 했다. 그 결과 수많은 치료와 재활, 교육의 중요성이 강조되었다. 하지만 시대가 변하면서 장애를 사회의 문제로 보기 시작했다. 장애로 인해 나타나는 불편함을 줄이기 위해 사회를 변화시키게 된 것이다. 이처럼 장애를 바라보는 관점은 장애를 개인의 문제로 보았던 개별적 모델에서 사회의 문제로 보는 사회적 모델로 변화되었다. 예를 들어 휠체어를 이용하는 사람이 2층에 있는 식당에 가고 싶은데 엘리베이터가 없다면 과거에는 '네가 계단을 오를 수 없어서 식당에 갈 수가 없어'처럼 개인의 문제로 보았다. 하지만 지금은 '이 건물에 엘리베이터가 없어서 2층으로 갈 수가 없네'라고 생각한다. 그래서 개인의 문제가 아니라 사회의 문제, 그러니까 식당에 접근하기 어려운 건물의 구조에 문제가 있다고 여기고 엘리베이터를 설치할 수 있도록 변화시킨다.

이 과정에서 장애를 향한 잘못된 시선이 하나 등장하는데, 바로 '극복'이다. 휠체어를 이용하는 사람이 개인의 노력의 결과로 장애를 극복하고 계단을 올라야 한다는 생각처럼, 많은 언론과 방송에서 장애를 '극복'한다는 표현을 자주 사용한다. 장애는 정말 극복할 수 있을까? 드라마 〈이상한 변호사 우영우〉 속 주인공이나 패럴림픽에서 우승한 장애인 선수들이 빛나는 노력으로 장애를 극복했다고들 하는데, 사실 그렇지 않다. 장애는 극복의 대상이 아니다. 감기처럼 나아지는 병이 아니라 영원히 계속되는 상태, 장애는 영속하는 것이다. 나쁜 것이 아니기에 극복할 대상도 아니고, 영속하기에 함께 공유하고 공감하면 되는 것이다. 장애를 극복의 대상으로 여겨 이겨내야 할 대상으로 생각한다면 평범하게 살아가는 장애인 대부분이 노력이 부족한 사람으로 여겨지게 된다. 장애가 있는 사람들도 누구나처럼 그들의 일상을 살아가고 있는데도 말이다. 그리고 실제로 대부분의 장애 당사자는 극복을 원하지 않는다. 누구나처럼 평범한 일상을 살아가길 원할 뿐이다.

　장애는 그저 하나의 특징이고, 서로 다른 수많은 사람에게서 하나의 다름일 뿐이다. 이 다름은 옳고 그름의 기준에서 틀린 것이 아니라 서로 다른 차이일 뿐이다. 그래서 장애라는 다름으로 차별을 해서도 안 되는 것이다. 장애가 있든 없든 우리는 모두 서로 다른 소중한 존재다. 우리는 이 다름을 인정하고 다름에 맞게 서로를 존중하면 된다.

　민지는 항상 내가 쓴 책을 찾아서 읽곤 한다. 이 책을 읽고 있는 민지에게 이 말을 하고 싶다. 넌 아주 멋진 친구이고, 내가 가장 믿고 아끼는 제자라고. 그래서 세상 누구보다 널 응원한다고. 넌 이미 충분히 멋지고 소중하다고. 그래서 그 자체로 소중한 존재라고 말이다.

어느 하나 소외되지 않게,
그 누구도 상처받지 않게

혜정의 이야기

"결정적으로 자퇴를 해야겠다고 생각한 게, 체육 시간에 혼자 교실에 있는데 교장선생님인가 교감선생님인가 올라오셔서 '중학교 때처럼 네가 있는 교실을 1층으로 배정해줄 수가 없다. 힘들어도 4층에 있는 교실에 다니고, 너를 도와주는 친구에게 봉사점수를 주겠다'고 이야기하셨어요. 당시 저는 어렸고 그게 큰 상처였어요. 그래서 고민하다가 자퇴를 결정했어요."

셀 수 없을 만큼의 아픈 상처를 지닌 혜정이는, 자신이 겪은 일을 자라나는 아이들이 겪지 않게 하려고 특수교사가 되었다.

고등학교 특수학급에서 특수교사로 일하고 있는 혜정이는

자신을 때때로, 아주 때때로 행복한 특수교사라고 소개했다.

"아이들이랑 있는 게 항상 행복한 건 아니고, 특수교사 하면서 힘들고 학교생활하는 게 피곤하고 정말 때려치우고 싶기도 하니까요. 근데 가끔씩 애들이랑 있었던 에피소드나 애들이 나한테 건넨 말 한마디 한마디를 떠올리면 갑자기 되게 즐거울 때가 있거든요."

혜정이는 말은 이렇게 해도 그 누구보다 아이들을 위해 헌신하는 특수교사다. 아이들을 위해 힘든 일들을 마다하지 않는다. 늘 손해 보는 삶을 살고 있지만, 그 손해만큼 아이들에겐 더 큰 혜택으로 돌아간다. 혜정이가 꿈꾸는 세상은 어떤 그림일까? 혜정이의 지난 삶과 현재의 삶, 그리고 앞으로 그려나갈 삶에 함께 들어가본다.

통합교육에 대한 정보가 부족했던 시절이었어요

"저는 어려서 차별인 줄 모르고 그냥 다녔고, 거기서 내가 할 수 있는 선택은 포기하는 거라고 생각했던 듯해요."

고등학교 시절을 한마디로 표현해달라는 물음에 혜정이

는 이렇게 답했다. 꽤나 오랫동안 알고 지내온 혜정이의 예상치 못한 대답은 내 가슴을 먹먹하게 했고, 공간의 공기마저 내려앉게 했다. 잠깐의 침묵이 이어진 뒤 혜정이는 이야기를 이어나갔다.

"어린 시절에 학교 다니는 걸 포기하고 다른 대안을 찾는 게 내가 현실에서 할 수 있는 최선의 일이라고 생각했어요."

"그러면 그때는 학교 다니는 걸 포기할 수밖에 없다고 생각했었던 거야?"

혜정이는 짧게 답했다.

"네. 그리고 통합교육에 대한 정보가 부족했던 시절이었어요."

무엇이 이리도 씩씩한 혜정이를 포기하게 했을까? 학교에서만큼은 그 누구보다 대장부 같은 혜정이를 이렇게 포기하게 만든 건 무엇이었을까?

"저는 ○○고등학교를 다니다가 고2 올라가서 중퇴했어요. 고1 때는 교실이 1층, 고2 때는 4층, 고3 때는 3층에 배정되는 시스템이었는데, 학교엔 엘리베이터가 없었어요. 제가 스스로 4층에 있는 교실에 다니기가 힘들었기 때문에 고민하다가 자퇴를 했어요. 결정적으로 자퇴를 해야겠다고 생각한 게, 체육 시간에 혼자 교실에 있는데 교장선생님인가 교감선생님인가 올라오셔서 '중학교 때처럼 네가 있는 교실을 1층으로 배정해줄 수가 없다. 힘들어도 4층에 있는 교실에 다니고, 너를 도와주는 친구에게 봉사점수를 주겠다'고 이야기하셨어요. 당시 저는 어렸고 그게 큰 상처였어요. 그래서 고민하다가 자퇴를 결정했어요."

혜정이는 매일같이 울었다고 한다. '너 하나 때문에 교실 배정은 못 바꾼다'는 그 말은 가시보다 더 날카롭고 아프게 가슴에 박혀 지금도 그 상처를 품고 살아간다. 시대에 따라 다를 수는 있겠지만, 학교의 관리자로서 한 명의 학생을 학교에서 떠나게 한 건 용서받지 못할 자질이라 생각한다.

되게 무서운 선생님이었는데
뒤에서 나를 조용히 챙겨주셨어요

힘든 학창시절을 보낸 혜정이에게 혹시 다시 만나고 싶은 선생님이 있는지 어렵사리 물었다. 혜정이는 망설임 없이 박은주 선생님을 떠올리며 이야기를 이어나갔다.

"박은주 선생님은 중학교 1·2학년 때 담임선생님이에요. 되게 무서운 선생님이었는데 내가 속한 교실을 다 1층에 배정할 수 있도록 해주고, 뒤에서 나를 조용히 챙겨주셨어요. 중1·2 담임을 연속으로 하셨고 중3 때도 담임을 하고 싶어 하셨지만 타 학교로 전출을 가셔야 했어요. 그래서 관리자들한테 얘기해서 중3 교실이 3층으로 배정되더라도 혜정이가 속한 반은 1층으로 내려달라고 결정지어주고 가신 분이에요."

아이들 모두가 무서워할 만큼 무섭고 카리스마가 넘쳤다는 박은주 선생님은 아무런 말도 하지 않고 뒤에서 혜정이를 묵묵히 챙겨오셨다고 한다. 혜정이도 덩달아 무서워했는데 자신을 챙겨줬다는 사실은 나중에 알았다고 한다. 그뿐만 아니었다. 20년 전이었던 그 당시 혜정이에게 맞게 평가 방법을 조정해주었고, 아이들이 혜정이와 잘 어울릴 수 있는 기회와 분위기도 조성해주었다고 한다.

"미술 선생님이었는데 내가 손이 불편하다는 것을 감안해서 미술 시간에 그린 그림에 점수를 주셨어요. 특수교육을 모르시는 일반교사셨는데도 시간을 조금 더 준다든지 그런 것도 있었고요. 가장 기억에 남는 건 입학하고 3월에 제가 결석한 날 친구들한테 혜정이 하교하는 것, 교문까지 같이 손잡고 걸어가줄 사람 있냐고, 애들 다 눈을 감고 손을 들라고 했어요. 그때 셋에서 다섯 명 정도 애들이 손을 든 걸로 아는데, 선생님이 다시 손 내리라고 하고 봉사점수 줄 테니까 혜정이 도와줄 사람 있냐고 하니까 상당히 많은 아이가 손을 들었대요. 선생님이 그 애들은 다 걸러낸 거예요. 그냥 진심으로 대가 없이 봉사할 수 있는 친구들을 뽑기 위해서 그렇게 아이들을 교육하고, 그 과정 속에서 아이들도 느낀 게 있었고요. 그렇게 지도해주신 분이셨어요."

고등학교 때도 박은주 선생님이 계셨더라면 혜정이의 학교생활은 좀 더 평온하지 않았을까. 친구들과 세 번의 사계절을 함께 보낼 수 있었을 텐데, 당연하다 생각했던 학창시절이 누군가에게 당연하지 않았음에 미안함이 밀려왔다. 아침 이른 시간에 등교한다고 짜증을 냈던, 수업이 많고 공부할 게 넘쳐나서 짜증을 냈던 그 시절이 몹시 미안했다. 요즈음에도 찾아보기 힘든 박은주 선생님을 생각하니 고마움과 미안함에 절로 고개가 숙여졌다. 선생님과의 인연은 여기서 끝이 나지 않았다.

"박은주 선생님이 내가 교장(감)선생님 때문에 자퇴하게 된 소식을 들으시고 우리 엄마한테 전화를 하셨어요. '이거는 가만히 있으면 안 된다. 그 교장(감)을 고소를 해야 하는 사건이다'라고 이야기해주셨어요."

그리고 몇 달 후 혜정이가 자퇴했던 학교에서 전화가 왔다고 한다. 본인이 잘못을 했다고, 다시 학교로 돌아오라고. 하지만 혜정이는 이미 마음을 다잡고 검정고시와 수능시험을 준비하고 있었기에 돌아가지 않았다. 오히려 성공한 모습을 보여주고 싶어 더 열심히 공부했고, 원하던 학교의 특수교육과에 입학하게 된다. 그리고 특수교사로 발령을 받아 첫 월급을 받았을 때, 박은주 선생님께 떡케이크와 함께 감사의 인사를 전했다고 한다.

"나는 혜정이랑 친구로 같이 다니는 건데, 왜 점수를 받아야 하나요?"

혜정이에게는 박은주 선생님만큼 좋은 친구, 권소윤이 있다.

소윤이는 혜정이와 함께 다니면 봉사점수를 준다는 선생님의 말에 위와 같이 이야기했다고 한다. 중학교 1학년 때 박은주 선생님 덕분에 혜정이는 자연스레 친구들과 친해졌고, 하교를 같이하며 아이들과 많은 이야기를 나눴다. 그중에 성향이 맞아서 친해진 친구들도 더러 있었고, 지금까지 꾸준히 연락하고 만나는 모임이 있는데 거기서 제일 친한 친구가 소윤이다.

"물론 나중에 학교 졸업할 때 상을 주긴 했어요. 근데 그거 받고도 걔가 이런 건 상관없다고 했어요. 지금도 자주 연락하고 우리 집에도 놀러 오고 잘 지내는 친구예요."

친구들은 혜정이를 어떻게 생각하고 기억할지 궁금했다.

"친했던 친구들은 지금도 한 번씩 이야기해보면 중학교 때부터 학교를 같이 다니다가 고등학교에 올라왔는데 내가 자퇴하고 바로 검정고시를 쳐서 대학에 갔잖아요. 그래서인지 나한테 대단하다고 말하는 친구들도 있고, 독하다고 얘기하는 친구들도 있어요. 그리고 그 과정에서 내가 마음고생한 것을 알고 있으니까 '네가 되게 힘들었구나' 하고 공감해주는 친구들도 있어요. 힘든 과정에 대해서 같이 공감을 해주고 지금도 '혜정이는 그렇게 힘들었으니까 교사 해서 지금은 잘 살았으면 좋겠다'라고 얘기해요."

그리고 친하지 않았던 친구들은 그냥 불편한 몸으로 힘들게 학교를 다니다가 어쩔 수 없이 자퇴하고 열심히 공부해서 대학을 간 친구로 기억할 것 같다고 했다. 사람은 살아가며 마음을 나누고 소통하고 공감할 수 있는 친구가 필요하다. 혜정이에게는 소윤이라는 친구가 있어 힘들었던 과거에 머무르지 않고 아이들을 위해 현재를 열심히 살아갈 수 있다.

휠체어로 같이 달리고 왔다는 거예요, 전동으로 나는 그 순간 우리 애가 너무 멋있는 거예요

"어떤 날은 하교하면서 음악실에 불이 났으면 좋겠다고 생각한 적도 있었어요."

보행에 어려움이 있던 혜정이는 어느 날 이런 생각을 했다. 음악실에 불이 나서 안 갔으면 좋겠다고. 왜냐하면 음악실은 교실이 속한 건물 밖에 있어서 쉬는 시간 10분 안에 이동하기 버거웠을 뿐만 아니라 특히나 비 오는 날은 신발을 손에 들고 가서 다시 신는 게 여간 힘든 일이 아니었기 때문이다.

이런 일도 있었다고 한다. 고등학교 1학년 어느 날 복도에서 보건교사를 마주쳤는데, "어? 너 우리 학교 학생이야?"라고 물었다고 한다. 특수학급이 없었던 시절, 보건교사가 특수교육 관련 업무를 맡아서 할 때였는데 업무 담당자가 혜정이의 입학 자체를 몰랐던 것이다. 그로 인해 혜정이는 그 시절 급식비, 학비 등 지원받을 수 있던 것들을 지원받지 못했다. 혜정이는 자신의 존재를 부정하는 이 어이없는 질문에 "네"라고 대답했고, 보건교사는 "어? 이상하다" 하고 그냥 지나쳤다고 한다. 학교에서는 혜정이에게 본인이 받을 수 있는 지원에 대해 어떤 관련 정보도 제공하지 않았다. 아무도 지원에 대한 정보를 제공해주지 않아 문화충격을 받았다고 표현할 만큼 억울했다고 한다.

혜정이는 자신이 겪은 일을 자라나는 아이들이 겪지 않게 하려고 특수교사가 되었다. "이런 경험들이 혹시 지금 특수교사를 하면서 영향을 미치는 게 있을까?"라고 혜정이에게 물어보았다.

"네. 제가 학교 다닐 때 이런 특수교육에 대한 정보를 알수가 없었는데 이제 특수교사로 일해보니까 지금도 지원에 대한 정보를 알지 못하는 어머니들이 정말 많으신 거예요. 우리 어머니들이 발달장애인 자녀들이 많잖아요. 졸업하고 나서 어떻게 지원받아야 하는지 몰라서 졸업 후 발달장애인 지원 관련 책자 같은 거 있으면 어머니들께 최대한 안내드리려고 해요."

그리고 이런 경험도 있었다고 한다.

"저는 고등학교 체육 수업 때 내가 그 안에 함께 있는 게 수업을 방해하는 거라고 생각했어요. 교실에 혼자 있는 게 내가 할 수 있는 선택이라 생각했어요. 근데 지금 우리 반에 휠체어 탄 친구가 있는데 걔는 통합학급 체육 시간에 꼭 들어가고 싶다고 해서 그렇게 하고 있어요. 수업 시간에 애들이 운동장 두 바퀴씩 달리고 시작하잖아요. 그때 휠체어로 같이 달리고 왔다는 거예요, 전동으로. 나는 그 순간 우리 애가 너무 멋있는 거예요, 나라면 포기했을 텐데. 자기랑 속도 맞춰서 달리는 애가 있었다고 했어요. 얘가 적극적으로 나서서 하니까 선생님도 배제를 덜 하는 것 같고요. 그래서 내가 경험했던 것과 아이들의 모습을 보면서 많은 걸 시도해보려고 해요.”

그뿐만 아니라 혜정이는 과거에 학교를 그만둔 이유였던 교실 환경도 많이 개선하려고 노력한다. 아무도 담당하지 않으려 했던 ‘학교공간혁신사업’도 손들고 나서서 자원했고, 몇 년에 걸쳐 방학 할 것 없이 공사를 진행했다. 휠체어를 이용하는 아이도 이동에 아무런 걱정 없이 학교생활을 하고 있고, 시각장애가 있는 선생님과 학생도 편하게 생활하고 있다. 덕분에 학교에 있는 모든 사람이 쾌적하고 자유롭게 학교 시설을 이용하고 있다.

화장실을 못 가서, 계단을 오르내릴 수 없어서
학교를 그만두는 건 너무 슬프잖아요

"지금의 고등학교가 통합교육 환경이 바뀌지 않은 부분도 많다고 하지만 예전보다 편의시설 면에서는 많은 개선이 되었어요. 엘리베이터도 생겼고 편의시설을 갖춘 화장실도 생겼고, 특수학급이 설치된 다수의 공립학교도 생겼잖아요. 지금 우리 학교의 휠체어 탄 친구들을 볼 때 일부 차별적인 선생님들이 계시기는 하지만 그렇지 않은 선생님들도 되게 많아진 것 같아요. 그리고 학교에 시각장애가 있는 학생이 있었는데 특수교사가 있어서 학습에 필요한 시각장애인용 화면읽기 프로그램 같은 편의 제공도 받고, 시험시간 1.5배, 1.7배 이런 평가 조정에 대한 것도 자연스레 자리를 잡았어요. 이런 과정을 함께 경험한 선생님들은 관련한 내용을 알기 때문에 학생이 마음고생을 덜 하며 걱정 없이 공부할 수 있게 되었어요."

혜정이는 학교를 다닐 때 편의시설이 없는 화장실에 가는 일이 가장 큰 스트레스였다고 한다. 남들은 아무 고민 없이 학교 시설을 이용했지만, 혜정이에게 화장실과 높은 계단은 학교생활의 스트레스였다.

"적어도 아이들이 편하게 학교생활을 할 수 있게 해주고 싶어요. 화장실을 못 가서, 계단을 오르내릴 수 없어서 학교를 그만두는 건 너무 슬프잖아요."

그리고 혜정이는 장애, 비장애 상관없이 서로 공감하고 익숙해지면서 좋은 친구 관계가 이루어질 수 있도록 현실적 교육을 하고 있다. 혜정이는 아이들이 함께 소통할 수 있도록 장애·비장애 학생 통합동아리를 운영하는데, 한 학생이 이런 활동 소감을 적어냈다.

처음으로 통합동아리에서 장애가 있는 친구들과 같이 활동을 해봤어요. 통합학급에 같이 있어도 그냥 오고 가며 얼굴만 볼 뿐이지 함께 교류할 일이 없었는데, 동아리에서 이야기도 나눠보고 서로를 알아갈 수 있어서 좋았어요. 〈우리들의 블루스〉에서 정준(김우빈 역)이 처음 영희(정은혜 역)의 얼굴을 봤을 때 그 표정 있잖아요. 그게 딱 저의 표정이었어요. 하지만 이제는 자주 만나고 자주 이야기하다 보니 편한 친구 사이가 되어 익숙해졌어요. 고맙습니다.

한 학생의 활동 소감을 전하며 혜정이는 자신의 이야기를 이어나갔다.

"솔직히 우리는 학교 교사 입장에서 장애이해 교육, 장애인식개선 교육을 한다고 하잖아요. 근데 이해당사자인 비장애 학생들은 학교에서 본인이 장애 학생과 만났을 때 어떤 관계를 만들어나가야 하는지 알려주지 않았다고 소감문을 쓰더라고요. 우리 입장에서는 장애인식개선 교육을 한다고 하지만 그건 전교생을 대상으로 하는 방송교육이나 각 반에 들어가서 하는 일방적 방법일 뿐이더라고요. 실제 밀접하게 만날 수 있는 경험들은 통합학급 안에 같이 있다고 해서 자동으로 되는 건 아니잖아요. 그래서 다양한 경험들이 만들어지는 환경에서 많이 소통하고, 동아리도 함께 만들어보고 하면 좋겠다는 생각에 매년 통합동아리를 운영하고 있어요. 그리고 아이들을 특수학급에도 많이 초대하고요."

혜정이의 아픈 경험이 승화해 이렇게 많은 아이에게 좋은 영향을 미치게 됨에 감사할 따름이다. 한 사람의 힘이 이토록 대단함을 오랜만에 느껴본다.

혜정이의 꿈은 특수교사가 되는 거였다. 지금 특수교사로 10년이 넘는 시간 동안 아이들이 행복하고 편안하게 학교생활을 할 수 있도록 열심히 살아오고 있다. 혜정이는 하나의 꿈이 더 있다.

"마음 편하게 좀 살고 싶어요."

장애가 없는 삶도 살아가는 데 늘 새로운 과제에 직면한다. 장애가 있는 삶은 평생의 과제가 너무 많아 괴롭다고 한다. 때로는 누가 대신 해주는 것이 필요하지만 이에 익숙해지면 안 된다. 그 순간 본인이 사라지기 때문이다.

"학창시절도 힘들었지만 직장에 자리 잡고도 많이 힘들었어요. 차별도 많이 받았고요, 첫 발령 받고 나서부터. 그리고 솔직히 학창시절에 자취할 때도 힘들었지만 그때는 학생이었고 보호자가 있었기 때문에 그냥 내 마음만 힘들 뿐이었지요. 첫 발령을 특수학교로 받았는데 와보니까 장애교사라는 이유로 업무도 그렇고 담임도 그렇고 뭔가 다 배제되는 환경이었어요. 특수교육을 하는 사람들이 모인 곳에서조차 배제되는 것을 경험했을 때 너무 슬펐어요. 그때는 엄마한테 얘기할 수도 없고 아빠한테 얘기할 수도 없잖아요. 그럴 때는 진짜 나 혼자 해결해나가야 하는 거죠. 그렇게 10여 년을 살다 보니까, 이제 경력이 좀 쌓이니까 불합리한 일이 있을 때는 참지 않고 얘기할 수 있어요."

혜정이의 말을 들으면서 당연하다고 생각되는 것들을 당연하게 여기지 말고 늘 감사한 마음으로 주변을 살피며 함께 나아가야겠다는 다짐을 했다. 마지막으로 스스로에게 하고 싶은 말이 있는지 물었다.

"지금 마흔을 바라보는 이 나이에 열심히 살았고, 앞으로도 열심히 살아라. 아니다. 앞으로는 열심히 안 살아도 편안히 살면 좋겠다."

늘 일에 시달리며 살아가고 있는 혜정이는 매번 일이 많아 힘들다고, 하지 않겠다고 이야기하지만 아이들을 위한 일이라면 언제든 발 벗고 나서고 있다. 학창시절 겪었던 셀 수 없을 만큼의 아픈 상처를, 자라나는 아이들이 겪지 않게 하겠다는 혜정이의 꿈이 꼭 이루어지길 바라본다.

모두가 주인공인 세상

혜정이가 고등학교에 입학했을 때 또 다른 '박은주' 선생님을 만났더라면 그의 학창시절은 어땠을까? 중학교 때처럼 교실을 1층으로 배정해주었더라면 혜정이는 행복했을까? 학교 건물에 엘리베이터가 있었더라면 무사히 졸업을 할 수 있었을까? 우리가 아무 생각 없이 오르내리는 낮은 계단이 어떤 이에겐 오르지 못할 산처럼 느껴질 수 있고, 하루에도 몇 번씩 사용하는 일반적 화장실도 어떤 이에겐 편의시설이 갖춰지지 않아 이용하는 것보다 참는 것이 더 편한 공간일 수도 있다.

"화장실을 못 가서, 계단을 오르내릴 수 없어서 학교를 그만두는 건 너무 슬프잖아요."

다양성이 존중되는 요즘, 다수에게 맞게 디자인되어 소수가 배제되는 설계는 더 이상 일반적이라고 할 수 없다. 모두가 사용하기 좋은, 모두에게 편리한 환경이 필요하다.

모든 사람이 독립적이고 편하게 살아가는 환경

학교의 환경 때문에 자퇴한 혜정이는 선생님이 되어 그것을 바꾸기 위해 노력했다. 누구나 편하게 학교 환경을 이용할 수 있도록 엘리베이터를 설치하고 복도를 넓혔다. 복도에는 시각장애인용 보도블록을, 화장실에는 편의시설을 설치했다. 덕분에 학교의 모든 구성원이 편하게 학교 시설을 이용할 수 있게 되었다. 다수 또는 특정 집단을 위해 만들어진 특별한 디자인이 아니라, 모두가 사용할 수 있는 환경을 위해 디자인하는 것을 '유니버설디자인universal design'이라고 한다.

유니버설디자인은 '보편적 설계'라는 용어로도 쓰이며, 가능한 한 모든 사람이 최대한으로 독립적이고 자연스럽게 사용할 수 있도록 제품, 환경, 프로그램 및 서비스를 설계하는 것을 의미한다. 처음부터 다양한 사용자의 요구를 고려해 모두에게 편리한 디자인을 추구하는 것이다. '다양한 사용자'에는 당연히 장애 당사자도 포함되며, 이로 인해 장애가 있는 사람들은 단순한 편의를 넘어 사회참여의 기회를 확대하고 차별 없는 환경에서 모두가 주인공으로 살아가게 된다.

　건물 입구로 연결되는 계단은 우리가 자주 보고 경험하는 디자인이다. 보행이 가능한 사람이 다수이기 때문에 계단을 설치하는 것에 아무런 문제의식이 없을 수 있으나, 소수 집단인 휠체어 이용자에게는 이 계단이 건물로의 진입을 막는 큰 걸림돌이 된다. 이를 고려해 계단 옆으로 경사로를 설치하게 되면, 휠체어 이용자는 여기를 통해 건물로 진입할 수 있다. 그리고 이 경사로는 휠체어 이용자만 사용하는 것이 아니라 무릎이 아픈 사람들, 노인과 어린아이 등 계단보다 경사로가 편한 사람들이 함께 사용한다. 그러니 건물을 처음 디자인할 때 계단보다는 경사로를, 아니면 계단과 함께 경사로를 설계하는 게 훨씬 효율적이라 할 수 있다.

　건물 입구에서 만나는 출입문도 그렇다. 보통 큰 건물로 들어가는 출입구의 문은 힘으로 밀어서 들어가는 문인데 휠체어 이용자나 힘이 부족한 사람들은 사용하기 어렵다. 만약 이 문을 버튼을 누르면 열리는 자동문으로 교체하면 더 많은 사람이 편리하게 이용할 수 있다. 나아가 자동 인식되어 열리는 자동문으로 바꾸면 모든 사람이 편히 이용할 수 있을 것이다. 이 또한 건물을 처음 디자인할 때 자동문으로 설계하면 훨씬 효율적이다. 학교에 있는 교실 문도 마찬가지다. 예전에는 문손잡이를 손으로 움켜쥐고 돌려서 열었다. 이 문손잡이는 손, 팔에 장애가 있거나 힘이 부족한 사람들이 사용하기 어려웠다. 그래서 몸의 힘을 사용해 아래로 내려서 여는 손잡이가 생겨났고, 이후에는 자동문으로 바뀐 곳도 있다.

이처럼 유니버설디자인은 처음부터 장애가 있는 사람들을 포함한 모든 사람의 요구를 고려한다. 때로는 분리와 차별로 이어질 수 있는 장애 당사자만을 위한 특별한 디자인과는 다르다고 할 수 있다. 유니버설디자인은 사회 구성원 모두가 함께 이용할 수 있는 환경을 조성해 모두가 주인공인 세상을 만들고, 진정한 의미의 사회통합을 가능하게 한다.

차별 없이 이동할 수 있는 권리

우리 주변에는 유니버설디자인을 적용한 사례가 의외로 많다. 경사로와 엘리베이터, 자동문과 넓은 출입구, 높낮이 조절이 가능한 세면대와 키오스크, 단차가 없는 보도 등은 모든 사람이 건축물과 환경을 이용할 수 있도록 디자인된 것이다. 그리고 큰 글씨와 그림으로 구성된 설명서와 음성 안내가 되는 전자제품, 미끄럼 방지 처리된 용기와 손잡이가 큰 문고리는 모두가 이용할 수 있는 제품들이다. 저상버스와 지하철, 그리고 대중교통의 넓은 좌석과 출입문, 휠체어 고정 장치, 음성 안내와 시각 안내방송은 모두가 교통을 편리하게 사용할 수 있게 설계된 것이다. 그뿐만 아니라 화면을 읽어주는 프로그램, 자막과 수어 제공, 다국어 지원, 쉬운 언어 제공 등 우리 주변은 이미 유니버설디자인화가 되어가고 있다.

이러한 사회의 변화로 물리적 환경, 제품, 서비스, 정보 접근, 이동 등 다양한 영역에서 장애 당사자의 접근성이 높아져 비장애인과 동등하게 사회활동을 할 수 있는 중요한 기반이 마련되었다. 동등한 사회적 참여의 증가로 장애에 대한 사회적 편견과 차별이 줄었고, 이는 장애 당사자를 사회의 동등한 구성원으로 인식하게 했다. 그뿐만 아니라 비장애인도 사고나 노령화로 인한 불편함을 덜 수 있게 됐다. 나이가 들어 신체의 능력이 저하되거나 사고로 인해 일시적·영구적 불편함을 가지게 되더라도 유니버설디자인화된 환경에서 큰 불편 없이 살아갈 수 있다. 많은 사람이 장애는 태어날 때부터 발생한다고 생각하는데, 국내 전체 장애인의 88.1퍼센트는 후천적으로 발생한다. 보건복지부의 〈2023년 장애인 실태조사)에 따르면 장애의 발생 원인으로 선천적 원인이 4.4퍼센트, 출산 시 원인이 1.1퍼센트, 원인 불명이 6.4퍼센트이며, 나머지 88.1퍼센트는 후천적 원인으로 나타났다. 그리고 후천적 원인 중에서 사고로 인한 장애 발생이 약 30퍼센트, 질병으로 인한 장애 발생이 약 60퍼센트로 장애가 있는 사람의 대부분이 살면서 장애를 가지게 된다.[1]

앞서 언급한 드라마 〈이상한 변호사 우영우〉로 세상이 들썩였다. 많은 사람이 이 드라마를 보며 장애에 대해 다시 생각하게 될 만큼 우리 사회에 좋은 영향을 미쳤다. 주인공 우영우를 보며 환호하고 열광했다. 그런데 이 드라마가 방영되던 시기에 뉴스에 자주 등장한 내용이 있었다. 바로 지하철에서 이루어진 '이동권 투쟁'이다. 안타깝게도 사람들은 우영우를 보듯 그들을 바라보지 않았다. 바쁜 출근 시간에 이동권 투쟁을 하는 장애인 단체를 만나게 된 사람들은 손사래를 치며 불만을 토해낸다. 안 그래도 바쁜 출근 시간에 왜 여러 사람을 불편하게 하냐고 말이다. 몇십 분 늦어진 출근길, 억울하고 화가 날 수 있다. 하지만 이러한 하루가 누군가에겐 일상이라면, 그들의 삶은 어떨까? 노곤한 이 하루가 매일매일이라면, 이동권 투쟁을 그들이 단순히 엘리베이터를 설치해달라고 떼쓰는 것으로 볼 수는 없을 것이다.

사람들은 이동권 투쟁이 휠체어를 이용하는 사람들을 중심으로 이루어지다 보니 지체장애인만을 위한 요구로 본다. 하지만 이동권은 일상생활에서 어려움을 겪는 고령자, 임산부, 어린이, 장애인 등의 교통약자 모두를 위한 권리다. 비장애인 중심의 사회에서 장애인의 이동권은 권리로 인식되지 않았기 때문에 장애인의 권리로만 보여졌던 것이다. 이이동권은 2005년에 공포된 〈교통약자의 이동편의 증진법〉에 이렇게 등장한다.

> 교통약자는 인간으로서의 존엄과 가치 및 행복을 추구할 권리를 보장받기 위하여 교통약자가 아닌 사람들이 이용하는 모든 교통수단, 여객시설 및 도로를 차별 없이 안전하고 편리하게 이용하여 이동할 수 있는 권리를 가진다.

이동권 투쟁도 이러한 인간으로서의 권리를 위해, 많은 교통약자를 대표하여 장애인 단체가 주장하고 있는 것이다. 다양한 사용자의 요구를 고려해 모두에게 편리한 디자인을 추구하는 보편적 설계를 이야기하며 동참해주길 바라는 것이다. 생각해보면 지하철 내 엘리베이터 앞에는 휠체어 이용자들보다 할머니·할아버지들, 그리고 유아차를 동반한 사람들, 무거운 짐을 든 사람들이 훨씬 더 많다.

발달장애인이 자유롭게 이용하는 지하철

특수교사에게는 제자가 없다는 말이 있다. 나를 기억해주 거나 찾아와주는 학생이 극히 드물기 때문이다. 학교 현장 에서 마주하는 장애 학생들은 대부분 지적장애 또는 자폐 성장애가 있는 발달장애 학생들이다. 이 친구들이 혼자서 대중교통을 이용해 나를 찾아오는 것은 쉽지 않으리라 생 각된다. 떠올려보면 매일 이용하는 지하철도 여러 번의 환 승이 필요한 새로운 곳에 가고자 하면 쉬운 일이 아니다. 지하철 노선도를 몇 번이고 확인해야 하고, 환승할 경우에 는 이정표와 같은 주변의 정보들을 찾아서 활용해야만 한 다. 이러한 당연한 과정들이 발달장애 친구들에게 결코 쉬 운 일은 아닐 것이다. 휠체어를 이용하는 사람에게 엘리베 이터가 필요하듯, 정보의 해석에 어려움이 있는 발달장애인 에게는 쉬운 정보가 반드시 필요하다. 눈에 띄게 잘 보이는 화살표의 크기와 색깔, 글자의 크기, 어려운 한자가 아닌 쉬 운 한글, 글자를 모르는 사람들을 위해 그림으로 만들어진 정보 등이 있다면 더 많은 발달장애인이 지하철을 이용할 수 있지 않을까? 그리고 대중교통을 스스로 이용하는 능력은 삶의 질을 높여주기 때문에 모든 사람이 이용할 수 있도록 환경을 구성해야 한다. 내가 스스로 가고 싶은 곳에 혼자서 갈 수 없다면 너무 슬픈 일이 아닐까? 내가 가고 싶은 곳을 선택하고 스스로 갈 수 있는 권리. 이 권리는 개인이 가진 능력에 의해 결정되기보다는 이를 모두 행사할 수 있도록 지원해야 할 영역으로 보아야 한다. 장애로 인해서 발생하는 능력의 한계는 인정하되, 우리 사회는 그 능력 안에서 지원을 통해 많은 것을 할 수 있도록 기반을 마련해야 하는 것이다.

나는 아이들이 많이 찾아오기를 바라지는 않는다. 아이들이 졸업을 하고 사회에 나가 잘 살아가길 바랄 뿐이다. 그리고 함께 지내고 살아가는 것이 당연해졌으면 좋겠다. 우리 아이들이 일반학교에서 수업에 참여하는 모습이 너무나 당연한 일이라 누구도 물어보지 않고 궁금해하지 않은 환경이 되었으면 좋겠다. 마찬가지로 휠체어를 이용하는 사람들이 지하철을 타고 출퇴근하는 모습이, 그러한 과정에서 시간이 조금 더 걸리게 되더라도 너무나 당연한 일이 되었으면 좋겠다. 그래서 '특수교육'도 '장애인'도 '이동권'이라는 말도 모두 사라지면 좋겠다. 우리 조금만 더 서로를 돌보고 아끼는 그런 세월을 함께 살아가면 어떨까?

　마흔을 바라보던 혜정이는 이제 마흔두 살이 되었다. 사랑하는 남자를 만나 연애를 하고 결혼도 했다. 아이들에게 쏟던 애정만큼 남편에게도 열심히 애정을 쏟고 있다. 그간 너무 열심히 살아온 혜정이는 작년에 처음으로 휴직에 들어갔다. 지치지 않고 더 열심히, 더 행복하게 살아갈 수 있는 힘이 온전한 쉼을 통해 다시 충전되었으면 한다.

3

정규직으로
일하고 싶어요

현준의 이야기

“정규직으로 일하고 싶어요. 자꾸 잘리고, 자꾸 다른 곳에서 면접 보고 하지 않고 안정적으로 일하고 싶어요.”

고등학교를 졸업하고 사회생활을 시작한 지 7년째인 현준이는 앞으로의 꿈이라며 이렇게 말했다. 여러 번의 이직을 하고도 아직 자리를 잡지 못한 현준이는 그저 자신이 원하는 일이 아니더라도, 해고되지 않고 계속해서 일하는 것이 꿈이 되고 말았다.

졸업하면 시골 가서 살 거예요

현준이와 난 10년 전, 현준이가 고등학교에 입학하면서 만나게 되었다. 현준이는 사람들과 말하는 것을 좋아했고, 선생님들과 이야기하기 위해 늘 교무실 주변을 서성거렸다. 고등학교를 졸업하고 계속해서 연락을 주고받으며 일상을 공유하고, 새로운 일자리를 연결해주고 있는 사이다.

"혹시 학교를 다니면서 가장 기억에 남는 일이 있어?"라는 물음에 현준이는 초등학교 때의 기억을 펼쳐놓았다.

"제가 초등학교 6학년 때 반장을 했는데, 투표로 되었는데 애들이랑 사이좋게 지내고 좋은 기억으로 남아 있어요." 보통 장애, 특히 발달장애가 있는 친구들은 학급에서 반장(요즘은 '회장'이란 표현을 더 많이 쓴다)과 같은 직책을 맡지 못한다. 많은 사람이 반장은 반을 대표해 많은 일을 해야 한다고 생각하고, 지적장애가 있는 학생은 능력이 부족하다고 여겨 반장의 역할을 못 하리라 판단하기 때문이다. 하지만 현준이는 투표를 통해 반장이 되었고, 반장의 역할을 하며 친구들과 잘 지냈다고 한다. 그리고 기억에 남는 친구가 있냐는 물음에 이렇게 답했다.

"초등학교 때 장민준이라는 친구가 있었는데 친했어요. 민준이 엄마랑 저희 엄마랑 다 잘 지냈고요. 고등학교 때 다시 같은 학교를 가게 돼서 거기서도 인사하며 지냈어요. 그리고 초등학교 때 임수진 선생님이 유독 잘해주셨어요. 그래서 초등학교 때 진짜 좋은 기억만 있네요.”

현준이에게 초등학교 생활은 인생에서 특별한 시기였다. 이후에 이어진 중학교와 고등학교의 친구, 선생님에 대한 물음에는 특별한 기억이 없다고 했다. 우리나라 통합교육은 학년이 올라갈수록, 그리고 성적이 중요해질수록 어려워진다. 그래서 어쩌면 입시에서 비교적 자유로운 유치원과 초등학교에서 그나마 통합교육이 잘 이루어지고, 이 기간에 서로에게 더 많은 관심을 기울이며 지낼 수 있다. 그래서 현준이도 초등학교 때의 기억이 더 선명한 것이 아닐까?

우리나라는 성적에 따라 학교가 나뉘고, 그 학교에 따라 삶의 등급이 나뉜다. 이른바 ‘4세 고시’ ‘7세 고시’(영어유치원 등에 들어가기 위해 어린아이가 고시와 같은 시험을 치르는 상황을 나타내는 신조어)가 사회문제로 대두할 만큼 성적이 모든 것을 앞서는 상황에서 통합교육의 미래는 어둡기만 하다.

“졸업하면 시골 가서 살 거예요.” 학창시절에 현준이는 졸업 후 진로에 대해 물으면 한결같이 이렇게 말했다. 이는 본인의 대답이기에 앞서 아버지의 대답이었다. 아버지는 현준이에게 미래에 대해 늘 이렇게 말씀하셨다.

“졸업하면 아빠랑 시골 가서 큰 집 짓고 살자. 넌 유튜브 좋아하니까 유튜버가 되고." 아들의 장애가 안타까워 늘 곁에 두고 살고자 하는 아버지의 꿈이 어느덧 현준이의 꿈이 된 것이다.

그래서 현준이의 꿈은 시골 생활을 하는 유튜버였다. 이미 정해진 진로로 인해 고등학교 3년 동안 진로에 대한 진지한 고민을 하지 못한 채 졸업을 맞이했다. 졸업이 다가오지만 어째서인지 아버지는 시골로 가지 않았고, 큰 집을 짓지도 않으셨다. 아버지만 믿고 있던 현준이는 아무 준비 없이 졸업을 하게 된다. 아버지의 꿈을 대체할 대안이 없어, 결국은 진학도 취업도 하지 못하고 취업을 위한 훈련기관에 갔다. 현준이가 가진 능력으로도 충분히 취업이 가능했지만, 스스로 취업에 대한 마음가짐을 세우지 못해 선택한 결과였다. 졸업 후 다양한 직업훈련을 하며 현준이가 원하는, 그리고 현준이에게 잘 어울리는 직업을 찾고자 하는 대안이었다.

비장애 아이들과 같이 장애가 있는 아이들도 졸업 후 진로를 결정하기 위해 고등학교 시절 많은 준비를 한다. '나'에 대해 파악하고 다양한 직업도 알아본다. 그리고 다양한 실습을 하며 본인의 특성에 맞는 직업을 선택하게 된다. 물론 요즘은 발달장애 친구들이 대학에도 많이 진학하고 있다. 이 모든 선택과 준비는 고등학교 때 이루어진다. 하지만 교사나 부모가 아이의 특성을 고려하지 않은 채 진로를 준비하면 결국 아이는 진로를 찾는 데 실패하게 되고, 고등학교 때 이루어져야 할 진로 준비를 졸업 후에 하게 된다. 이러한 준비 과정은 장애가 있는 아이들에게도 모두 중요하고, 꼭 이루어져야 할 과정인 것이다.

다음에도 이런 일자리가 있다면 꼭 해보고 싶어요

"하다가 보니 처음엔 재미있었는데, 지루했어요. 사람들하고 대화도 못 하고요. 그래서 담당 선생님한테 다른 곳에서 일하고 싶다고 얘기를 했어요."

현준이는 사람들과 대화하는 것을 좋아했다. 어떻게든 대화의 물꼬를 트기 위해 상대방을 계속해서 바라보고 있다가 눈이 마주치는 순간 대화를 시작하던 아이였다. 그런 아이가 도서관에 취업하게 된다. 사실 발달장애인의 일자리 중에도 선호되는 것이 있다. 부모들이 크게 바라는 것이기도 한데 그 대부분이 공공기관의 일자리다. 특수교사인 나조차도 우리 아이들이 좀 더 안정적이고 작업 환경이 좋은 공공기관에서 일하기를 원한다. 도서관에서 일하는 사서보조가 그 대표적 일자리인데, 현준이가 그곳에 취업하게 되었다.

처음에 도서관 일자리에 맞는 졸업생을 연결해달라는 문의를 받고 한참을 고민했다. 다른 친구들은 이미 각자의 자리에서 대학 생활과 직업 생활을 하고 있었기에 가장 먼저 현준이가 떠올랐다. 하지만 현준이의 특성상 어려울 것 같아서 망설이다 부모님께 일자리 내용을 전달하니, 너무 좋은 자리 같다고 지원하게 되었다. 말하기를 좋아하는 현준이에게 면접은 넘기 어려운 허들이 아니었고, 6주간의 훈련 후 1년간 근로계약을 했다. 졸업 후 조금은 성장한 모습으로 자기 할 말을 참아가며 묵묵히 도서관 사서보조 일을 해나가는 모습을 보며 우리 아이들도 더디지만 계속해서 성장함을 느낄 수 있었다. 1년의 시간이 무사히 흐르고 한 번 더 계약을 한다면 정규직으로 일할 수 있기에 현준이가 재계약할 날만 손꼽아 기다렸다. 그런데 "선생님, 저 이번에 다른 곳에 가요. 도서관 사람들은 좋은데 대화를 할 수 없어서 너무 힘들어서요"라는 연락을 받았다. 현준이에게 함께

하는 ‘사람’은 자신의 삶에서 굉장히 중요한 자리를 차지한다. 지극히 외향적인 현준이에게 자신의 목소리를 낮추고 혼자서 조용함을 유지하며 일해야 했던 도서관 일자리는 너무나 힘들었던 자리였다.

이후 현준이는 자신에게 딱 맞는, "꿈의 직장"이라고 스스로 평가한 ‘장애인자립생활센터’로 이직하게 된다.

현준이가 몇 번의 취업과 이직을 하는 동안 스스로 그만둔 것은 도서관 일자리뿐이었다. 나머지 일들은 더 일하고 싶었지만 기간 종료로 재계약 없이 끝나고 말았다. 발달장애인이 취업하는 곳은 대부분 비정규직으로 시작한다. 장애인에게 일자리를 제공하는 취지로 만들어진 기관에는 정규직 자리가 많지만, 그런 곳들을 제외하면 대부분이 비정규직이고 재계약을 하지 않는 편이다.

"장애인자립생활센터에서는 발달장애인 인식개선 보조강사로 5개월 동안 일했어요. 그곳에서 여러 사람을 만나며 저와 저의 장애에 대한 이야기를 했어요. 많은 사람을 만나고 대화할 수 있어 좋았어요." 보조강사로 취업한 현준이는 일자리의 특성상 많은 사람을 만나고 대화할 수 있었다. 그야말로 물고기가 물을 만난 격이었다. 그뿐만 아니라 사무보조의 역할도 했는데 평소에 컴퓨터를 잘 다루고 좋아했던 현준이에게 이 또한 너무나 좋은 일이었다.

"보조강사뿐만 아니라 사무보조 일도 했어요. 스캔도 하고 문서도 만들고 그랬는데 다 좋았어요, 그 일이. 그리고 여덟 시간 근무이다 보니 월급도 많았어요. 한 달에 232만 원 정도? 제가 또 컴퓨터를 좋아하고 잘하는데 컴퓨터로 하는 일이어서 그것도 좋았고요."

장애인자립생활센터 일자리는 그야말로 현준이에게 꿈의 직장이었다. 게다가 여덟 시간 근로로 월급도 많았다. 보통 사람들은 하루 여덟 시간 근로를 하고 월급을 받지만, 발달장애인 일자리들은 대부분 네 시간 근로가 많다. 이는 발달장애인이 네 시간 일하는 게 더 효율적이라는 연구 결과와 함께 기관 입장에서는 하루 여덟 시간 근무에서 네 시간씩 두 명을 고용할 수 있어서 그렇게 하고 있다고 한다. 물론 네 시간 근로를 선호하는 사람도 있겠지만, 여덟 시간 근로를 하는 발달장애 당사자는 30퍼센트가 채 되지 않는다.[2] 그리고 월급도 대부분 최저임금이다. 그해의 최저시급에 맞춰 지급되다 보니 하루 네 시간을 근무하면 월급이 100~120만 원 정도가 된다. 그나마 이 월급은 최저시급이 보장된 곳이고, 최저시급이 보장되지 않는 곳도 많은 현실이다. 최저시급이 보장되지 않는 곳은 평균 10~30만 원의 월급을 받는다고 한다.

"계속 일하고 싶었는데 계약이 종료되어서 더 이상 일할 수 없었어요. 다음에도 이런 일자리가 있다면 꼭 해보고 싶어요."

제가 속도가 너무 늦다고 그만두라고 하더라고요

현준이가 계속해서 일하고 싶었던 곳은 장애인자립생활센터뿐만은 아니었다. 코로나19가 성행하던 때에 현준이는 유명 프랜차이즈 카페에 취업했다. 처음에는 바리스타로 일할 줄 알았는데 면접 자리에 가보니 환경 정리를 하는 일자리였다. 고등학교 때 바리스타 자격증도 따고 학교에서 실습도 해봤기에 환경 정리라는 일자리가 실망스러웠지만, 엄마의 계속된 부탁과 요구로 일하게 된다. 카페 일자리에서 경험한 좋았던 점과 나빴던 점을 묻는 질문에 현준이는 이렇게 답했다.

"일할 때 좋은 점은 같이 일하는 사람들 성격이 밝고 좋았어요. 그렇지만 쓰레기가 너무 많아서 그거 계속해서 치우느라 힘들고 그랬어요. 너무 더럽기도 하고요. 3개월 일했는데 매달 매달 계약을 했어요." 현준이가 중요하게 여기는 '사람'에 대한 충족은 되었으나 일 자체는 힘이 들었다고 한다. 그리고 세 달 일하는 동안 매달 근로계약서를 다시 썼다고 한다. 유추해보니 그 당시 코로나19로 인해 사람들의 이동과 출입이 많이 제약되던 시기라 상황에 따라 언제든 계약 종료를 하기 위함이었던 것 같다. 아무리 시기가 그랬다고 한들 왜 발달장애인에게만 이런 야박한 계약을 했던 것인지 아직도 이해는 되지 않는다.

"그래도 계속 일하고 싶었어요. 계속 일하면 바리스타 쪽으로 언젠가는 갈 수 있을 거라 생각했어요. 그때는 바리스타 일을 하고 싶었거든요." 아쉬움을 안고 다시 이직을 준비한 현준이는 유명한 고깃집에 에어컨 청소 담당자로 취업을 했다. 출퇴근에만 두 시간이 걸리는 이곳에서 현준이는 10개월간 일하게 된다.

"거기서 에어컨 청소를 했는데 사다리 다 올라가서 에어컨 커버 떼가지고 청소하는 거였어요. 여기서는 10개월 하고 나서 끝났어요. 계약이 종료된 거였어요. 그리고 거긴 이상하게도 만나는 사람마다 저에게 어떻게 왔냐고 물어봤어요. 저는 취업해서 간 건데…. 제가 여기 취업해서 일하고 있는데 같이 일하는 사람들은 제가 여기 직원인 걸 모르는 거였죠. 그냥 저는 그림자 같은 사람이었어요.”

소속감도 없이 그림자처럼 그렇게 10개월을 보낸 후 현준이는 구직자가 되었고, 다시 일자리를 찾아 이력서를 내고 면접을 봤다. 이렇게 짧은 시간 동안 많은 이직을 하면서도 그나마 다행인 점은 이직하는 데 오랜 시간이 걸리지 않았다는 것이다. 현준이에게는 일할 수 있는 능력이 충분한데, 오랫동안 일할 수 있는 일자리가 없었을 뿐이었다. 매번 그렇게 일을 하면서도 미래에 대한 불안을 안고 살아왔던 것이다.

고깃집 일자리 이후에 취업한 곳도 마찬가지였다. 우리나라를 대표하는 종합병원으로 이직한 현준이는 약제과에서 약 분류를 했다. 평소 여러 질환으로 종합병원에 자주 다니던 현준이는 병원에서 일하는 게 꿈이기도 했는데, 마침 좋은 일자리가 나와 연계하게 되었다.

“병원에서 일하게 돼서 엄청 엄청 좋았어요. 분류한 약을 봉투에 담는 일을 했어요. 근데 제가 속도가 너무 늦다고 그만두라고 하더라고요. 연장이 안 된 거죠. 거기도 사람들이 좋았어요, 잘해주고.”

발달장애인은 조금 기다려주고, 조금 더 지원하면 시간이 더 걸릴 뿐이지 얼마든지 많은 일을 해낼 수 있다. 하지만 우리나라는 장애인에게 '노동'이라는 개념을 비장애인과 동일한 기준으로 적용한다. 결국 현준이는 비장애인들이 생각하는 노동의 기준을 충족하지 못하고 3개월 만에 일을 그만두게 된다.

생활할 때
잘 챙겨주셔서 감사합니다

순탄치 않은 길 속에서도 배움은 있었다. 고등학교 때 하지 못한 진로에 대한 고민을 취업 현장에서 고스란히 느끼며 스스로 앞날을 준비하게 되었다. 도서관에서 일하며 특성에 맞는 일자리의 중요성을 알았고, 장애인자립생활센터에서 일하며 하고 싶은 일이 무엇인지 깨달았다. 세상이 그리 만만치 않음을 알았고, 그 만만치 않음에 상처에 상처를 입고 제법 단단한 어른이 되었다. 앞으로의 꿈이 무엇인지 묻는 물음에 현준이는 차분히 대답했다.

"예전에 잠깐 쉴 때 이수매니지먼트라는 곳에 가봤던 적이 있어요. 거긴 여태 일했던 곳과는 다르게 좋았어요. 일하는 공간도 좋고 사람들도 모두 좋고…. 그런 곳에서 정규직으로 일하고 싶어요. 자꾸 잘리고, 자꾸 다른 곳에 면접 보고 하지 않고 안정적으로 일하고 싶어요."

이수매니지먼트는 장애인 표준사업장으로, 100명이 넘는 발달장애인이 정규직으로 일하고 있는 곳이다. 발달장애인 직원들은 이화여자대학교와 부속병원 등 부속기관의 제과팀, 의료원팀, 카페팀, 이화상점팀 등 다양한 팀에서 장애인 직원의 역량에 적합한 직무를 맡고 있다.

누구나 안정적 일자리, 정규직으로 일하기를 바란다. 큰 욕심이 아니라 할 수 있지만, 발달장애 당사자들에겐 어쩌면 큰 욕심일 수도 있을 만큼 안정적 일자리를 구하기는 쉽지 않다.

'사람'을 중요하게 여기는 현준이는, 모든 일자리에서 공통적으로 좋았던 점이 함께 일한 사람들이 좋았다는 것이었다. 지금껏 만나온 직장동료들에게 "생활할 때 잘 챙겨주셔서 감사합니다"라는 인사를 남긴 현준이는 다음 직장에서도 좋은 사람들을 만나길 희망하고 있다. 이야기가 끝나갈 무렵 '독립'에 대한 계획이 있는지 물었다.

"2년 뒤 즈음 독립하고 싶어요. 통장에 500만 원 모아놨어요." 자립을 응원하는 엄마는 아들이 시설이 아닌 지역사회에서 살아가야 한다는 생각으로 함께 독립을 준비하고 있다. 반면 아빠는 아직도 "밖에 나가면 다들 너의 돈을 들고 날 거야"라며 품 안에 두려 하신다.

"저도 장애인자립생활센터에서 일한 적이 있어서 거기서 들은 게 있어요. 꼭 독립할 거예요." 독립을 하려면 무엇이 필요할까 하는 물음에 "마음가짐이 필요하겠죠? 밥하고 그런 것도. 라면은 끓일 수 있어요. 그리고 결혼도 할 거예요"라고 답했다. 결혼을 하고 싶은 이유를 묻자 현준이는 이렇게 답했다.

"사랑하는 사람을 만나서 결혼을 하고, 아이를 낳아서 부모님께 보여드리는 게 효도하는 거라고 사람들이 그랬어요. 반드시 결혼을 하고 아이를 낳아서 부모님께 효도하려고요."

현준이는 그저 사람으로서 평범한 삶을 살아가길 꿈꾼다. 누군가는 발달장애인에게 이 꿈은 욕심이라고 말하지만, 현준이는 꼭 세상의 모든 사람처럼 일을 하고 사람들을 만나다가 좋은 사람을 만나 결혼을 하고 독립하길 꿈꾸고 있다. 난 현준이가 이 꿈을 이룰 수 있도록 늘 주위에서 지원하고

응원할 생각이다. 그리고 이 세상의 모든, 또 다른 '김현준'
들이 꼭 그렇게 평범하게 살아가길 희망해본다.

응원할 생각이다. 그리고 이 세상의 모든, 또 다른 '김현준'
들이 꼭 그렇게 평범하게 살아가길 희망해본다.

당당히 사회에 참여하기 위하여

현준이는 현재 잦은 이직으로 잠시 쉬는 시간을 보내고 있다. 직업에 대한 생각을 정리하며 새로운 일자리를 구상 중이다. 꿈의 직장이라고 스스로 평가했던 장애인자립생활센터에 같은 일자리가 나오길 희망하며 매일 채용 공고문을 확인한다. 장애가 있는 아이들이 학교생활을 통해 진로를 준비하는 과정은 단순히 직업을 구하는 것을 넘어 한 사람의 성장과 자립을 위한 중요한 여정이라 할 수 있다. 자신의 꿈을 키우고 행복한 미래를 준비할 수 있도록 학교와 가정, 지역사회는 협력해야 하며 지속적 관심과 노력을 기울여야 한다.

인간다운 삶을 살기 위한 토대

장애인에게 노동은 어떤 의미일까? 장애인에게 노동은

단순히 돈을 버는 행위를 넘어 인간으로서의 존엄을 지키고 사회의 일원으로 살아가는 데 중요한 의미를 지닌다. 장애인은 스스로의 노동을 통해 발생한 소득으로 타인에게 의존하지 않고 살아갈 수 있다. 다니던 학교를 떠나 가정에서 머물지 않고 직장이라는 사회에서 동료들과 함께 소통하며 사회의 구성원으로 살아가게 된다. 약속된 출퇴근을 하고 자신의 역할을 수행하며 규칙적 삶을 이어나간다. 일하는 과정에서 때로는 자신의 새로운 능력을 발견하게 되고 이를 통해 또 다른 성장과 발전도 할 수 있다. 노동의 과정에서 성취감과 자존감을 얻고, 이는 자아실현으로 이어지게 된다.

이러한 '노동의 의미'는 사실 장애인에게만 국한되는 것은 아니다. 모든 사람에게 해당하는 의미라 할 수 있다. 하지만 노동의 의미가 장애인, 특히 발달장애인에게 더 크게 강조되는 이유는 이들에게 주어지는 노동의 기회가 극히 제한적이기 때문이다. 이는 사회적 고립과, 누군가에게 의존하며 살아가는 삶으로 이어지게 된다. 장애인에게 노동은 사회적 참여, 자립 및 자아실현을 통해 인간으로서 누려야 할 기본적 인권을 실현하는 토대라 할 수 있다. 실제로 최근 조사에 따르면, 발달장애인 취업자가 일을 하기로 결심한 이유가 '당당히 사회에 참여하기 위함'이 36.1퍼센트로 가장 많았고, 그다음으로 '돈을 벌기 위함'이 33퍼센트, '자립을 준비하기 위함'이 17퍼센트로 나타났다.[3] 이처럼 노동은 장애, 비장애 상관없이 모두에게 중요한 의미가 있지만, 노동의 기회를 얻기 어려운 장애인에게는 더 큰 의미로 받아들여진다.

그렇다면, 왜 '장애'는 노동의 기회를 얻는 것과 관련해 차별의 기준이 되었을까? 영국의 장애인권리운동가 빅터 베럴 핀켈슈타인에 따르면 산업혁명 이후 공장 내에서의 규격화된 노동이 요구되면서부터 장애의 개념이 탄생했다고 한다. 즉 '일할 수 없음'이 장애 범주로 정의되었다는 것이다. 쉽게 풀어보면 산업혁명 이전의 농경시대에는 정해진 땅과 수확량이 있었다. 그래서 함께 일하는 사람들이 능력의 차이가 있더라도 다 같이 일을 하고 수확한 것을 나누었다. 어차피 수확해야 할 농산물이 정해져 있기 때문에 노동력의 차이와 상관없이 다 같이 일하고 더 빨리 끝내면 되었기 때문이다. 하지만 산업사회는 달랐다. 정해진 시간 내에 최대한 많은 물건을 만들어내야 했다. 그래서 고용주는 노동자에게 하루의 최소 생산량을 할당하고, 그 이상을 생산할 수 있는 사람만을 고용하게 된다. 정해진 기준 이상의 노동력이 요구되면서 심신에 어려움이 있던 장애인은 노동에서 소외받게 되었고, 이 과정에서 장애가 있는 몸은 '일을 할 수 없는 몸'으로 잘못 정의된다.

이러한 과정은 우리나라에서도 그대로 적용되었다. 노동의 기준은 꼭 무언가를 만들어내고 수익 창출을 해야만 했다. 그래서 장애인에게 일할 기회를 제공하기 위해 만들어진 장애인의무고용제도, 장애인일자리, 장애인직업재활시설조차도 기존의 노동 기준에 따라 장애인을 고용하는 제도들이다. 이러한 노동의 개념이 장애인에게도 같은 잣대로 적용되다 보니 장애인 집단 안에서도 장애가 심한 최중증 장애인, 특히 발달장애인은 그동안 일할 기회를 얻지 못해 왔다. 다행히 최근 들어 장애인에게 노동이 더 이상 생산 중심적 노동윤리가 아닌 인간다운 삶을 살기 위한 당연한 권리로 인식되면서 발달장애인을 위한 일자리도 많이 생겨나고 있다.

우리나라 헌법에는 노동을 의무이자 권리로 규정한다. 즉 누구나 일을 할 수 있고, 또 해야 하는 것이다. 이는 장애가 있다고 해서 다르지 않다. 유엔 〈장애인권리협약〉에서는 장애인이 누려야 할 권리로 차별받지 않을 권리, 인간으로서 존중받을 권리, 건물·대중교통·정보통신서비스를 이용할 권리, 폭력이나 학대를 받지 않을 권리, 교육받을 권리, '일할 권리' 등을 제시한다. 그뿐만 아니라 이 권리를 바탕으로 우리나라에서 제정된 〈장애인차별금지 및 권리구제 등에 관한 법률〉에서도 근로에 관해 모집, 채용, 임금, 승진, 정년, 퇴직 및 해고 등에서 장애인을 차별하면 안 된다고 명시한다. 이는 장애, 비장애 상관없이 모두가 일할 기회를 얻고 일하며 살아갈 권리가 있다는 것이다.

권리를 생산하는 노동자

우리는 졸업 후 사회에 나와 생활하면서 한 번씩은 장애인을 만나거나 마주칠 때가 있다. 그나마도 일을 하며 만나게 되는 장애인은 경쟁 고용을 통해 회사에 오는 경우가 많아서 대부분이 지적·사회적 어려움이 없거나 적은 시각·청각·지체장애인이다. 그리고 지역사회 내에서 오며 가며 마주하는 장애인들도 외형적으로 드러나는 장애 당사자다 보니 우리가 학교에서 만나오던 발달장애 친구들은 졸업 후에 보기가 더 어려운 현실이다. 학교에서 만나던 발달장애 친구들은 졸업 후에 어디서 어떻게 살아가고 있을까?

장애인이 일할 수 있는 직종은 매우 한정적인데, 발달장애인이 일할 수 있는 직종은 더 한정적이다. 예전에는 장애인을 채용하기 위해 나오는 일자리들이 해당 회사의 기존 직무를 수행할 수 있는 장애인만 갈 수 있는 일자리였다. 다시 말하면, 장애인 일자리는 그곳에서 이루어지는 직무를 수행할 수 있는 장애인이 취업하는 자리였다. 그래서 직무를 충분히 수행할 수 있는 능력이 우수한 장애인만 취업이 가능했다. 당연히 발달장애인은 해당하지 않았다. 하지만 요즘의 장애인 일자리는 발달장애인이 충분히 일할 수 있는 직무를 만들어 누구나 취업이 가능하도록 하고 있다.

삼성전자에서는 2023년에 '희망별숲'이라는 자회사를 만들어 많은 발달장애인을 고용하고 있다. 희망별숲에는 제과 제조 직무를 중심으로 발달장애인이 충분히 일할 수 있는 환경을 제공하고 있다. 발달장애인도 맡은 일에 책임감을 가지고 꼼꼼한 일처리가 가능할 수 있음을 알고, 그들이 충분히 잠재력을 키워나가며 지속적으로 일할 수 있는 직무와 환경을 개발한 것이다.

이러한 사례는 삼성전자뿐만이 아니다. 최근 ESG경영이 강조되면서 사회적 약자에 대한 지원을 위해 많은 기업이 장애인 고용률을 높이고자 하고 있다. 희망별숲과 같이 장애인을 다수 고용할 수 있는 자회사형 표준사업장은 지속 가능한 사회적 가치 창출을 위한 중요한 모델이면서, 기업의 사회적 책임 실현을 위한 좋은 선택지다. 각종 세제 혜택 등의 부가적 이점도 챙기면서 기업 이미지를 개선하고 사회 전체적으로 다양성과 포용성을 증진하는 효과도 있다.

이뿐만이 아니다. 그동안 장애인 고용 정책에서도 소외받던 최중증 장애인을 위한 일자리도 개발되고 있다. 장애가 심해 일을 하지 못하는 것이 아니라, 그들도 할 수 있는 일을 만들어 누구나 일할 수 있는 기회를 제공하는 것이다. 예를 들어 문서 파쇄만 하는 일자리, 회사원들의 텀블러를 세척해주는 일자리, 물티슈를 이용한 청소 일자리, 플라스틱 병에서 상표 라벨지를 떼어내는 일자리 등이 있다. 최중증 발달장애인을 위한 '권리중심 중증장애인맞춤형 공공일자리'도 있다. 이는 노동시장에서 생산성과 경쟁 기준에서 배제된 최중증 장애인을 '권리를 생산하는 노동자'로 고용해, 비경제활동인구로 낙인찍힌 그들에게 새로운 고용 패러다임을 제시하는 것이다. 헌법이 보장하는 노동의 기회를 제공함으로써 최중증 발달장애인의 고용을 현실화하고 사회

참여를 활성화하는 제도다. 장애인 권익옹호 활동, 문화예술 활동, 장애인 인식개선 활동 직무를 통해 지역사회에서 활동하며, 노동을 통한 소득보장으로 탈시설 자립이 가능하도록 하고 있다. 그래서 이 일자리는 탈시설 장애인에게 우선 기회가 제공되기도 하는데, 이러한 과정은 시설에 있는 장애인을 지역사회로 나와 자립해 살아갈 수 있게 한다.

최저시급과 네 시간 근로

그리고 매년 한국장애인고용공단, 한국장애인개발원, 지역사회 내 장애인복지관 등에서 새로운 일자리를 만들어내고 있다. 카페 바리스타, 도서관 사서보조, 우체국 우편물분류원, 사무실 사무보조, 장애인e스포츠선수, 화가, 데이터매니저, 디자인 직무, 휠마스터(휠체어 등을 정비·관리하는 직업), 온라인패커, 도시양봉가, 제과제빵사, 테마파크 캐스트, 편의점 스태프, 요양보호사보조, 자전거정비사, 티마스터, 새싹재배사, 무장애여행플래너(이동, 정보 접근 등에 어려움을 겪는 관광약자를 위해 여행을 기획하는 직업), 알기쉬운자료감수원(이용자의 입장에서 자료가 이해하기 쉬운지 감수하는 직업) 등 많은 일자리가 개발되고 있다.

이처럼 발달장애인이 일할 수 있는 기회가 많아지고는 있지만, 몇 가지 한계도 있다. 대표적으로 낮은 임금을 이야기할 수 있다. 앞서 살펴봤듯 발달장애인을 위한 일자리들은 대부분 최저시급 기준이 적용되고 있으며 이마저도 네 시간 근로가 많다. 그래서 한 달을 일하고 받는 월급이 100~120만 원 정도인 경우가 많고, 이로 인해 계속해서 최저생계 수준의 삶을 살아가야 할 상황에 놓인다.

실제로 졸업하고 취업하며 살아가는 제자들과 만나보면 그 최저생계의 삶이 눈에 보이기도 한다. 경제적으로 넉넉한 부모와 산다면 크게 문제 되지 않지만, 본인의 힘으로 살아가야 하는 당사자들은 월급을 기준으로 했을 때 현재 최저임금 수준에도 해당하지 않는 돈을 받으며 계속해서 어렵게 살아간다.

최저시급을 보장받지 못하는 경우도 있다. 우리나라 최저임금제도는 근로자가 안정된 생활을 할 수 있도록 보장하기 위해 만든 법이다. 매년 최저시급을 정하고 이를 기준으로 월급을 지급한다. 〈최저임금법〉은 우리나라에서 일하는 모든 사람을 위해 만든 법이라고 하지만 예외 조항이 존재한다. "정신장애나 신체장애로 근로능력이 현저히 낮은 사람"은 최저임금제를 적용하지 않아도 된다고 명시해 최저임금을 받지 못하는 당사자들도 있다. 이들은 평균 10~30만 원의 월급을 받으며 살아간다. 아니, 살아지게 된다.

　우리는 모두 일할 권리가 있고, 장애인도 비장애인과 함께 일할 수 있도록 필요한 지원도 받을 수 있다. 휠체어 이용자를 위해 경사로를 설치하고 높낮이 조절이 가능한 책상을 배치할 수 있다. 시각장애인을 위해 건물 내에 점자 표기를 늘리고, 청각장애인을 위해 안내방송과 함께 자막을 제공할 수도 있다. 발달장애인에게는 그들의 특성에 맞는 직무를 개발하고 일할 기회를 제공한다면 누구나 동등한 조건에서 일할 수 있게 된다. 동등하다는 것은 모두에게 똑같다는 것은 아니다. 개인의 조건과 특성에 맞는 지원이 이루어져서 일할 수 있는 환경과 조건이 동등해지는 것이다. 이는 우리 모두가 다르기 때문이고, 그래서 장애가 있는 사람에게 특혜를 주는 것도 아님을 알아야 한다.

　장애인의 노동이 더 이상 특별한 것이 아니라 우리 사회의 다양성과 생산성을 함께 높이는 당연한 권리이자 소중한 자산으로 자리 잡게 되길 바라본다.

4
아이의 역사와
부모의 역사는

태훈 엄마, 승우 엄마의 이야기

아이가 장애를 진단받고 나면 부모, 특히 어머니는 아이를 위해 모든 것을 던지고 헌신하게 되는 경우가 많다. 인터뷰에 참여하신 한 분의 어머니께서도 이렇게 말씀하셨다.

"제 아이는 첫째라서 다른 아이들이 어떻게 성장하는지 전혀 정보도 없는 가운데 둘째가 태어났어요. 처음에는 첫째가 말만 늦는다 생각하다가 둘째를 낳고는 비교가 되기 시작했고, 결정적으로 첫째가 자기가 걷고자 하는 곳에 둘째가 누워 있었는데도 그냥 밟고 지나간 적이 있었어요. 그래서 이제 검사를 받아봐야겠다는 생각이 들었고, 그때부터 아이의 역사와 저의 역사는 같은 역사가 되었죠."

장애가 있는 아이들도 일반학교에서 교육을 받고 졸업을 한다. 졸업 후에 시간의 차이는 있겠지만 많은 아이들이 취업을 하고 독립을 꿈꾸며 살아간다. 하지만 그 '많은 아이들'에 포함되지 않는 이들도 있다. 일반학교에 진학해 통합교육 환경에 적응하다 어려움에 좌절해 특수학교로 전학을 가는 아이들, 졸업 후에도 심한 장애로 취업하지 못하고 보호기관이나 가정에 머무는 아이들도 우리 주변에는 많다. 사회 그리고 우리는 이들의 삶에도 관심을 기울이고 함께 살아가야 한다.

학교를 졸업하고 발달장애인평생교육센터에 다니고 있는 96년생 태훈 씨와 집에서 하루하루를 보내고 있는 92년생 승우 씨를 그들의 어머니들을 통해 만나보고자 한다.

지금 잠깐
뭔가 일시적 현상일 거야

태훈 씨는 둘째로 태어났다. 처음에는 첫째 아이와 별반 다른 게 없었던 터라, 어머니는 1년의 휴직 후 일터로 복직했다. 태훈 씨가 돌 즈음 되었을 때, 동생이 잠시 함께 살게 되면서 첫째와 태훈 씨를 돌봐주었다. 첫째에 비해 좀 늦되 보인다는 동생의 말에 설마설마하고 있었는데, 친정 식구들이 모두 모인 가족 여행에서 안목이 좋은 형부에게 같은 말을 또 듣게 되면서 병원에 가보았다. 당시에는 자폐에 대한 진단이 쉽지 않아서 많은 의사와 특수교사, 관련 전문가가 서로 다른 진단명을 내렸다. 태훈 씨에게 맞는 교육을 받게 하려면 정확한 진단명이 필요하다는 생각으로 2년간 진단에 매달렸고, 당시 우리나라에는 '자폐성장애'라는 용어도 익숙하지 않았던 터라 '정신장애'로 진단받는다. 진단과 함께 어머니는 퇴직을 했고, 태훈 씨의 역사에 자신을 집어넣기 시작했다.

"저는 그때 사실은 좀 신났어요. '지금 잠깐 뭔가 일시적 현상일 거야' 이렇게 생각하고 서울대학교병원에 가서 무슨 문항 이런 검사하는 거에 저는 정말 신나게 썼어요. 나중에 나는 우리 아이를 성공적인 아이로 키워서 책을 쓰겠다는 등, 이런 망상을 할 정도로 그때는 그랬었거든요."

태훈 씨의 어머니는 장애를 처음 접했을 때 나을 수 있는 감기와 같은 거라 생각했다. 이 생각이 많은 치료와 교육, 그리고 어머니의 헌신으로 이어졌지만 후회하지는 않으셨다.

"사람들 말로는 예전에 어렸을 때의 그런 예쁜 모습은 다시 볼 수 없다고 하더라고요. 근데 그것도 사실이지는 않아요. 지금 저 나이에도 귀여운 짓을 얼마나 많이 한다고요.” 지금도 귀여운 태훈 씨는 어머니의 바람으로 일반 초등학교에 입학하게 되었다. 당시 통합교육이 보편적이지 않을 때라 지원 체계도 일률적이지 않았다. 어머니는 태훈 씨와 함께 학교를 다녔다. 초등학교 1학년에 입학하면서 한 달 동안 태훈 씨의 옆자리에 앉아 학교 공부를 함께했다. 당시 앉을 의자도 직접 구매했고, 아이들에게 ‘교실 엄마’라고 불리며 다른 아이들까지 모두 보살피는 생활을 했다. 아이들이 어머니에게 관심을 보이며 친해진 모습에 위기감을 느꼈는지 담임은 이제부터 복도에서 대기하다가 태훈 씨가 교실 밖으로 나갈 때 자리로 돌려보내라고만 했다. 당시 3·4월이면 학교 복도가 몹시 추웠을 텐데, 그래도 어머니는 아들을 위해 그 추운 복도를 하교 종이 울릴 때까지 하루 종일 지키고 있었다. 교실 밖으로 나간 ‘교실 엄마’는 여전히 아이들의 사랑을 받으며 ‘복도 엄마’가 되었고, 이 모습도 불편했던지 담임은 얼마 지나지 않아 운동장에서 대기하라고 했다. 그렇게 ‘복도 엄마’는 다시 ‘운동장 엄마’가 되었다. 1학기가 지나고 학교생활에 제법 적응한 아들 덕분에 어머니는 2학기가 되어서야 여러 어머니가 앉아서 쉬어가는 운동장 벤치에 앉을 수가 있었다.

그러니까 저는 그냥
당연한 일꾼인 거죠

태훈 씨의 어머니는 아들의 학교생활을 위해 무슨 일이든 하려 했다. 당시 학교에는 학급별로 교실에서 급식을 했는데, 어머니들이 돌아가며 배식 도우미를 했다고 한다. 그런데 그 배식을 위한 지원이 늘 부족했고, 어머니는 담임이 태훈이에게 조금이라도 잘해주셨으면 하는 바람으로 매일 배식 도우미를 했다. 어차피 아들의 학교 적응을 위해 매일 함께 등교했기에 큰 어려움이 없었고, 아들이 밥 먹는 모습을 매일 볼 수 있어서 좋았다고 한다. 그리고 태훈 씨가 밥을 제법 잘 먹어서 담임이 늘 아이들 앞에서 태훈이처럼 밥을 잘 먹어야 한다고 치켜세워주는 바람에 매일이 즐거웠다고 했다. 그런데 어느 순간부터 자신이 하는 배식 봉사는 당연한 일이 되었다.

"그런데 저는 날마다 가니까 배식을 매일 하는 거예요. 그러니까 저는 그냥 당연한 일꾼인 거죠. 다른 엄마들이 와서 배식하면 수고하셨다고 애쓰셨다고 막 그러는데, 그럴 때마다 저는 옆에서 너무너무 서글펐어요. 제가 우리 첫째 딸 학교 가면 항상 고개 빳빳하게 들고 엄마들이 다 부러워했거든요.” 그럼에도 어머니는 태훈 씨를 위해 학년이 바뀔 때마다 학급에서 할 일이 없는지 확인하고 먼저 찾아서 도맡아 했다. 그러다 태훈 씨가 3학년일 때 이런 일이 있었다.

“하루는 학교를 갔는데 태훈이가 종례 시간에 서서 창밖을 보고 있었어요. 근데 바지가 좀 내려와서 엉덩이 골이 보였는데 옆에 있는 애들이 막 보라고 하면서 웃고 그러더라고요. 그래서 제가 종례 끝나고 선생님한테 그 얘기를 했거든요. 태훈이는 자리에 앉으라고 하면 앉으니까, 오늘 같은 경우가 생기면 이름 한 번 불러서 자리에 좀 앉혀주시면 좋겠다고요. 그리고 아이들이 손가락질하면서 놀리는 건 좀 그렇다고요. 선생님께서 아이들에게 그렇게 하지 말라고 좀 지도해달라고 했어요. 그랬더니 ‘예 어머니, 알겠어요’ 하더라고요. 그러고 나서 다음 날 아침에 태훈이를 교실에 들여보내고 집에 오는데 전화가 온 거예요. 자기 좀 보고 가라고요.”

어머니는 이유를 알 수 없었지만 왜인지 찜찜한 마음이 들었다고 한다. 오라고 한 미술실로 갔더니 담임선생님과 옆 반 선생님이 미리 와 있었다. 그러곤 어제 있었던 일을 이야기하면서, 몹시 기분이 나빴다는 말과 함께 본인은 태훈이를 맡고 싶지 않았는데 반 편성하는 날 결근을 하면서 남들이 모두 기피하는 '태훈이가 포함된 반'을 맡았다고 했다. 그럼에도 본인은 최선을 다했다고 생각하는데 너무 서운했다고, 옆 반 선생님이 화를 내며 이야기를 대신 했다고 한다. 처음에는 이 상황이 이해가 되지 않았는데, 시간이 지나면서 생각해보니 이미 두 사람이 짜고 자신을 혼내고 있음을 알게 되었다.

"선생님, 지금 두 분 뭐 하시는 거예요? 그런 얘기를 꼭 학부모한테 해야 하나요? 선생님 같은 분한테 우리 아이 맡길 수 없으니 당장 전학 가겠다고 그러면 되나요?" 어머니는 화가 너무 난 나머지 이렇게 이야기했다고 한다. 자신이 너무 급하게 그랬나 싶은 생각도 들었지만, 그 자리를 박차고 나와 근처에 있는 특수학교를 찾아갔다. 그리고 얼마 지나지 않아 태훈 씨는 통합교육을 포기하고 특수학교로 가게 되었다.

어머니는 아들이 특수학교로 전학 간 것이 자신의 감정 문제인 듯하다고 했다. 하지만 누구보다 아들의 학교생활을 위해 헌신한 어머니였기에 감정 문제로 볼 일은 아닌 것 같다. 통합교육을 받다가 특수학교로 전학을 가는 것은 대부분 양육자의 소진으로 인한 경우가 많다. 하지만 이 감정 소진의 원인은 헌신해온 어머니가 아닌, 그 당시 통합교육에 무심했던 학교와 교사들이라 생각한다.

특수학교 생활을 시작한 태훈 씨에게 한번은 이런 일이 있었다고 한다.

"특수학교로 옮기고 나서 아들이랑 올림픽공원에 갔는데 일반학교에서 소풍을 나온 거예요. 근데 자기 또래 애들이 같이 몰려 있으니까 애가 그 속으로 막 뛰어들어 가는 거예요. 그래서 그때 괜히 내 기분에 따라서 재를 분리교육을 했나 싶어서, 그때는 정말 마음이 아팠어요. 하지만 그 외에는 태훈이가 굉장히 편해지고 그랬어요." 태훈 씨의 변화만큼 어머니에게도 좋은 변화가 있었다.

"저도 일반학교 갔을 때는 항상 죄인 취급받는 것 같아서 고개 푹 숙이고 그랬는데 특수학교에 갔더니 선생님들이 전부 다 '태훈 엄마, 어머니 안녕하세요' 하며 다 알아보는 거예요. 처음엔 전학을 와서 그런 건가 했는데, 알고 보니까 모든 선생님이 모든 아이와 엄마를 알더라고요." 그래서 어머니는 아이도 본인도 학교에서 인정받는 것 같아서 좋았다고 했다.

"선생님, 혹시 잘한다는 게 뭘까요?"
"금전적인 거일 수도 있고"

승우 씨는 일반 초등학교를 입학할 때 특수학급에 가지 않고 일반학급에서만 생활하기를 바랐다. 승우 씨의 어머니도 처음에는 몇 달을 복도에 서서 아이의 학교생활을 지켜보았다고 한다. 말수가 적고 조용하던 승우 씨는 학교생활에 잘 적응했고, 무사히 1학년을 보냈다. 그리고 2학년이 되면서 특수학급의 지원을 받기 시작했다. 당시 특수교사는 승우 씨가 입학했을 때부터 관심을 기울이고 있었고, 미리 어떤 수업과 지원을 할지 계획하고 있던 좋은 교사였다. 덕분에 승우 씨는 초등학교 시절을 잘 보낼 수 있었다. 기억에 남는 교사가 있냐는 물음에 승우 씨의 어머니는 이렇게 답했다.

"어떤 선생님(일반교사)은 학부모 상담 때 저보고 그랬어요. 본인은 엄마가 잘한 만큼 아이에게 잘한다고. 그래서 '선생님 혹시 잘한다는 게 뭘까요?'라고 물었더니 '금전적인 거일 수도 있고'라고 대답했어요."

"예전에는 그런 게 다 있었나 봐요?"

"네, 있었어요. 그래서 선배 엄마들한테 물어봤더니 그 선생님 돈을 받으신다고 그래서 그냥 제가 생각하는 얼마를 드렸더니 우리 승우한테 잘해주셨어요."

그리고 승우 씨 어머니도 태훈 씨 어머니처럼 학급에 필요한 일을 찾아서 적극적으로 도왔다고 한다. 아이들의 사물함에 이름표를 만들어 붙이고, 토요일마다 교실 청소를 도맡아 하셨다. 2학기가 되어서 선생님이 이제 그만하셔도 된다고 했지만, 아들의 학교생활을 위해 자신이 좋아서 한다고 답했다 한다. 그렇게 초등학교를 졸업하고 중학교에 가게 되었다. 승우 씨는 중학교에서도 좋은 특수교사를 만나 많은 지원을 받고 다양한 활동을 하며 학교생활을 시작하게 되었다. 좋은 학교로 소문이 나서 많은 아이가 입학했고, 덕분에 당시 하나였던 특수학급이 두 학급이 되었다. 이후 이사를 하면서 전학을 갔는데, 새로 다니게 된 중학교의 특수학급 교사는 사뭇 달랐다고 한다. 너무나 다른 분위기의 특수학급 생활에 어려움을 겪은 승우 씨는 겨우겨우 중학교를 졸업했다. 학교를 너무나 가기 싫었던 승우 씨는 졸업식 날에도 자는 척하며 눈을 뜨지 않았고, 9시가 넘어서야 겨우 등교했다. 이러한 모습을 본 어머니는 승우 씨를 위해 특수학교로의 전학을 결심하게 된다.

당시 승우 씨가 배정받은 특수학교는 어머니가 원하던 학교가 아니어서 그렇게 만족스럽지는 않았지만, 승우 씨만은 만족했다.

"아무튼 승우는요, 9시에도 안 일어나던 녀석이 아침에 스쿨버스를 타려고 6시 반에 일어나서 깨끗이 씻고, 7시 5분에 스쿨버스를 딱 탔어요. 버스를 그렇게 오래 타는데도 즐겁게 일어나더라고요. 그리고 자기 의지가 너무 없었는데, 예를 들면 밥을 먹을 때도 자신이 좋아하는 음식을 줬음에도 숟가락을 들라고 해야 들고, 이제 먹으라고 해야 먹던 아이였어요. 그만큼 너무나 수동적인 아이였는데, 특수학교로 전학을 가고 그곳에서 시간을 보내면서 스스로 빨래도 개고 하는 매우 자발적인 청년이 되었어요."

요즘은 장애 학생과 비장애 학생이 함께 교육받는 통합교육이 추세라고 하지만 무조건 통합교육이 옳고 분리교육이 나쁘다고는 할 수 없다. 아이의 상황과 가정의 상황에 따라 아이에게 더 좋은 교육 환경이 있기 마련이다. 그것이 통합교육일 수도 있고 분리교육일 수도 있다. 지금도 계속해서 특수학교가 만들어지고 있는 것을 보면, 분리교육이라 불리는 특수학교의 교육 환경이 필요한 아이들도 많다는 의미다.

태훈이도 많이 편안해하고
저도 태훈이한테 많이 허용적으로 변했지요

"저는 태훈이랑 한 번도 집에서 같이 긴 시간 있어본 적이 거의 없거든요. 방학 때마다 늘 센터 같은 곳에 보내고 그랬어요." 어머니는 태훈 씨와 함께 시간을 보내고 싶은 마음이 늘 있었지만, 집에 같이 있을 엄두가 나지 않았다고 한다.

"태훈이랑 하루를 같이 있어야 한다는 게 엄두가 안 나서, 집에서는 워낙 저지레를 많이 하니까 그걸 다 뒤치다꺼리하려면 너무 힘들어서요. 해마다 방학 때만 되면 '이번에는 나랑 태훈이랑 집에서 있어야지' 그 말을 꼭 하는데 태훈이가 학교 다니는 동안 한 번도 해본 적이 없어요." 그리고 어릴 때는 태훈 씨의 장애를 경감하려고 수많은 치료와 교육을 받아오느라 정작 아들과 온전히 함께한 시간이 없었다. 그렇게 하는 것이 아들을 위한 일이라고 생각했기 때문이다. 그러다 코로나19로 인해 외출과 기관 이용이 어려워졌고, 2년이라는 기간 동안 집에 함께 있게 되었다.

"너무너무 좋은 거예요. 생각해보면 태훈이가 또 많이 자랐기도 하지만요." 감히 두려워서 엄두 내지 못했던 함께하는 시간을 반강제로 가지게 되면서, 서로를 더 알아가며 이해하기 시작했다고 한다. 학교 졸업 후 달라진 면도 있었기 때문에 집에서 함께 많은 시간을 보내는 것이 가능했을지도 모르지만, 둘이서 정말 많은 곳을 다 다녔다고 한다.

"그러다 보니 이제 태훈이는 저를 알고, 저는 태훈이를 알아가면서 뭔가 공통점이나 서로를 이해하는 그런 시간이었던 것 같아요. 그래서 그때 태훈이도 많이 편안해하고 저도 태훈이한테 많이 허용적으로 변했지요." 코로나19로 활동이 제한되면서 힘들어하는 경우가 다수였는데, 태훈 씨와 어머니는 둘의 관계가 오히려 코로나19 때문에 많이 좋아졌다고 한다. 서로가 함께한 시간만큼 서로를 알아가고 편해졌다. 그리고 이러한 관계 속에서 수동적이고 반복적 패턴을 가졌던 태훈 씨는 새로운 것도 쉽게 도전할 수 있게 되었다고 한다.

승우 씨와 어머니도 비슷한 경험이 있었다.

"저 같은 경우는 아이가 졸업하면서 그때 다니기로 했던 발달장애인평생교육센터가 개소 예정이었거든요. 그 전까지 6개월의 시간이 있었는데, 그때 반년을 처음으로 논 거예요. 아무 데도 안 다니고 집에서 같이 아침에 늦잠을 자는 거예요. 너무 좋았어요." 평소 학교를 다니는 동안 많은 교육과 활동 등으로 하루하루를 바쁘게 살아왔는데, 갑자기 생긴 6개월의 공백이 오히려 두 사람에게 좋은 시간이 되었다. 그리고 이 편하고 느긋한 시간을 통해 아들의 새로운 모습을 발견했다고 한다.

"둘 다 너무 편안해했어요. 그리고 깜짝 놀랐는데, '얘가 이러이러한 것들을 다 할 수 있는 애였구나'를 발견했거든요. 그동안에 안 좋았던 모자 관계가 회복되는 시간이었어요."

두 사람은 이런 조언을 해주었다. 자녀가 어린 나이에 장애로 진단받으면 그것을 고치고자 무수히 많은 일을 하게 되는데, 장애는 절대 고쳐지지 않는다고. 하지만 이 사실을 많은 부모에게 이야기해주고 싶고 또 이야기해주지만 결국은 다 겪어보고 나서야 알게 된다고 한다. 그리고 이러한 과정이 선배 엄마로서 몹시 안타깝다고 한다. 많은 치료와 교육이 아이들의 발달과 성장을 도울 수는 있으나 그만큼 가족과의 시간을 빼앗아서 가족 관계를 무너지게 할 수도 있다. 치료·교육 관계자들은 아이들에게 본인이 제공하는 치료와 교육이 몹시 중요하다고 당연히 이야기하겠지만, 한 아이의 부모는 수많은 치료와 교육을 다 받아야만 할 것 같은 상황에 놓이게 된다. 조기교육이 중요하다고 하지만 가족 간의 관계보다 중요할지는 의문이다. 아이들이 학교에 있는 동안은 친구들, 그리고 선생님들과 소통하며 지낸다. 가정에서는 부모와 형제자매들과 소통하며 지낸다. 아이의 인생에서 보았을 때 어쩌면 이러한 시간이 그 어떤 것보다 중요하고 소중하지 않을까?

아이들과 함께한 긴 시간, 조금은 안정적이지만 아직도 불안한 지금 두 사람의 꿈이 궁금했다.

"저희 집에 세 남자가 있어요. 늘 이야기하는 게 있는데 세 남자가 독립해서 각각 스스로 행복하게 살기를 바라고요." 승우 씨 어머니는 자신의 꿈을 이렇게 밝혔다. 승우 씨와 그의 남동생, 그리고 남편이 독립하고 자신도 독립해서 살길 원한다고 하지만 사실은 승우 씨의 독립을 가장 먼저 응원하는 마음 같았다. 반면 태훈 씨의 어머니는 자신의 꿈을 이렇게 이야기했다.

"저는 예전에 탈시설에 대해 모를 때는 딸내미는 시집 보내고, 아들내미는 시설 보내려고 했어요. 그리고 남편하고 우리 둘이 잘 살면 좋겠다는 게 꿈이었어요. 근데 탈시설운동을 접하면서 태훈이는 지금 하고 있는 자조모임 사람들하고 자리 잘 잡아서 살면 좋겠고, 우리 딸내미는 좋은 남자 만나서 살면 좋겠고 저는 남편하고 죽을 때까지 같이 사는 게 꿈이 되었어요." 두 사람의 꿈이 비슷하면서도 상반된 모습이었다. 그리고 학교와 학생들에게 하고 싶은 말이 있는지 물어보았다. 이에 승우 씨 어머니는 이렇게 말씀하셨다.

"스스로 행복했으면 좋겠어요. 그들이 행복해야 우리 애들이 또 행복하니까요. 그리고 선생님 스스로가 장애가 있는 학생의 담임으로서 학생한테 최선을 다했다면 그걸로 충분해요. 선생님은 아이들 잘 관찰하면서 학교, 부모와 함께 삼박자를 잘 맞추어 아이들에게 좋은 교육 환경을 만들어주면 좋겠어요." 승우 씨의 학교생활에서 교사의 역할이 누구보다 소중하다는 걸 경험한 부모의 조언다웠다.

"우리 애들을 잘 이해해주면 좋겠어요. 수시로 우리 애들을 투명인간 취급하거든요. 그렇게 하지 말고 하루에 한 번씩이라도 우리 아이들 이름이라도 불러줬으면 좋겠어요. 태훈이 초등학교 1학년 때 담임이 좋았던 게 태훈이가 밥을 참 잘 먹었거든요. 그래서 아이들에게 태훈이 밥 먹는 거 보고 배우라고 칭찬을 좀 많이 해줬어요. 그래서 제가 매일 배식하면서도 설움을 좀 덜었죠.”

　끝으로 스스로에게 하고 싶은 말을 부탁드렸다.
　“저는 지금처럼 계속 제 삶이 이어지면 좋겠어요.” 현재의 편안한 삶에 만족하는 태훈 씨 어머니는 계속해서 이야기를 이어갔다.
　“저는 사실 옛날에는 항상 좀 불안했어요. 내가 뭐 때문에 이렇게 불안한지 원인은 없었어요. 그냥 막연한 불안감도 있었고요. 지금은 오늘 할 일도 끝났고 잠만 자면 되니 좋다는 생각을 많이 해요. 그만큼 편안해졌어요. 예전에는 사실 태훈이 고민 말고 다른 고민을 하는 게 꿈이었거든요. 다른 거는요, 아무것도 걱정이 안 되었어요. 정말 아무것도 걱정이 안 되고 오로지 태훈이만 걱정이 됐었거든요. 근데 어느 순간부터 이제 그거는 덜어지고 요새는 내일은 뭘 입고 가지 뭐 이런 걱정을 다시 하게 됐어요.” 아마도 코로나19 때에 태훈 씨와의 관계 회복을 하면서 이러한 감정들이 생겨난 듯했다. 그리고 승우 씨의 어머니는 스스로에게 이렇게 말해주었다.
　“그동안 열심히 잘 살았어.”
　아이가 장애를 진단받으면 그때부터 아이의 역사와 부모

의 역사는 같은 역사가 된다고 한다. 장애에 대한 미안함과 책임감으로 부모는 아이의 역사에 스며들게 된다. 하지만 더 이상 아이의 역사와 부모의 역사가 같은 역사가 되지 않았으면 하는 바람이다. 아이의 장애는 그 누구의 잘못도 아니고, 미안함을 가져야 할 대상도 아니다. 그리고 그에 대한 책임은 부모가 아닌 사회가 져야 한다. 부모는 부모의 삶을 살아가며 그들의 역사를 쓰고, 아이는 아이의 삶을 살아가며 그들의 역사를 쓰면 된다.

사회의 더 많은 지원과 노력이 이루어지길 바라본다.

자녀보다 하루만 더 살기를 바라는 삶

2025년 10월, 〈시사기획 창〉이라는 프로그램에서 〈나는 자폐스펙트럼입니다〉라는 제목의 영상이 방영되었다. 자폐스펙트럼에 대한 전반적 이야기를 다룬 이 영상에는 아이의 치료와 성장을 위해 부모가 노력하는 모습이 눈에 띈다. 아이를 위한 수많은 치료와 교육으로 부모의 경제적 부담은 커지고, 발달이 느린 아이를 계속 돌보느라 다른 부모들과 교류가 줄어들며 우울함과 고립감에 시달리기도 한다. 반면 유튜브를 통한 개인방송 운영과 이를 활용한 소통으로 단절된 삶의 테두리를 넓히고 서로를 위로하며 응원하는 일상도 보여졌다. 이 영상을 본 태훈이의 어머니가 SNS에 이런 글을 남겼다.

어린 엄마들의 고군분투를 보니 내가 저 터널을 지나왔

다는 게 실감 났다. 앞으로의 일은 알 수 없지만 요즘처럼만 계속 살아진다면 나는 그 이상 바랄 게 없다. 어린 엄마들에게 다시 한번 더 당부하고 싶은 말이 있다. 부디 치료와 교육에 목매지 말고 일상생활에 적응할 수 있도록 지원하라고. 과거에 내가 선배 엄마들에게 들은 말을 그대로 하게 될 줄 몰랐다. 아이를 위한다고 의무감으로 해온 것들은, 이렇게 해야만 아이가 좋아진다는 헛된 희망의 몸부림이었다.

장애가 있는 자녀의 부모들 중에는 "아이보다 하루만 더 살게 해주세요"라고 이야기하는 이들도 있다. 오랫동안, 아니 어쩌면 지금도 많은 부모는 본인이 장애가 있는 아이보다 하루 더 살길 바라는 '꿈'을 꾸며 살아가고 있다. 자식이 먼저 죽기를 바라는 삶이 어떻게 그들의 꿈이 되었을까?

지속되는 돌봄과 양육자의 소진

가족은 "주로 부부를 중심으로 한, 친족 관계에 있는 사람들의 집단"으로 표준국어대사전에 정의되어 있다. 미국의 문화인류학자 조지 피터 머독은 가족을 "주거를 같이하고 경제적 협동과 출산으로 특징지어진 집단"[4]이라고도 했다. 사회적 변화에 따라 그 의미가 조금씩 다를 수는 있지만, 가족이라는 집단에서 자녀의 출생은 매우 중요한 사건이라 할 수 있다. 그리고 아이를 키우면서 자녀의 건강과 발달은 큰 관심사의 하나라고 할 수 있는데, 예측하지 못한 자녀의 '장애'는 부모의 삶에 큰 변화를 가져온다. 자녀의 성장과 발달 과정에 예상치 못한 어려움과, 성인이 되어서도 계속되는 돌봄으로 부모는 지속적인 좌절과 무거운 책임감을 느끼기도 한다.

특히 부모 중에서도 자녀 양육의 책임 부담이 큰 어머니가 이러한 어려움에 더 많이 노출된다. 실제로 서울, 경기도에 위치한 사회복지시설을 이용하고 발달장애인 자녀를 둔 부모에 대해 설문조사를 했는데, 응답자의 약 90퍼센트가 '어머니'로 나타나기도 했다. 해당 연구에서는 이러한 결과가 장애가 있는 자녀가 이용하는 기관에서 어머니의 참여율이 높고, 자녀의 장애 여부와 상관없이 양육의 책임을 어머니가 더 많이 부담하고 있다는 선행 연구 결과와 일치한다고 밝힌다.[5] 그뿐만 아니라, 최근의 실태조사에서도 만 15세 이상 발달장애인의 주 보호자는 어머니가 56.8퍼센트로 가장 많고, 다음으로 '아버지'(15퍼센트), '형제자매'(9.4퍼센트) 순이었으며 특히 자폐성장애인은 주 보호자가 어머니인 비율이 82퍼센트로 가장 높았다. 이러한 주 보호자가 발달장애인을 돌보는 일수는 일주일 평균 5.9일이며, 지적장애인 주 보호자는 5.8일, 자폐성장애인 주 보호자는 6.5일이다. 하루도 돌보지 않는 경우는 8.2퍼센트고, 7일 모두 돌보는 경우는 76.4퍼센트다. 특히나 7일 모두 돌보는 비율 중 자폐성장애인 주 보호자는 87.5퍼센트에 달했다.[6]

이처럼 발달장애인 자녀를 둔 부모는 자녀를 키우고 돌보면서 비장애인 자녀를 둔 부모보다 더 많은 시간과 노력을 요구받는다. 그리고 자녀와 관련된 의료 정보, 교육 지원, 사회복지서비스 등에 대한 정보 접근이 어려워 부모들은 평생 필요한 정보를 알기 위해 교육을 받으며 살아간다. 이 과정에서 부모는 기대했던 미래와는 다른 현실 앞에서 슬픔, 분노, 죄책감, 불안 등의 감정을 경험하게 된다. 그뿐만 아니라 사회 전반에 자리 잡은 장애에 대한 편견으로 큰 상처를 받게 되고, 평생 이어지는 자녀의 교육과 치료는 상당한 경제적 부담으로 이어진다. 24시간 또는 평생 지속되는 돌봄과 부모의 역할은 신체적·심리적 어려움을 불러오고, 다른 사람들과의 교류가 줄어들며 우울함과 고립감에 시달리기도 한다.

이렇게 장애인 자녀를 둔 부모들은 다양한 어려움을 경험

하는데, 실제로 장애인 자녀의 어머니가 비장애인 자녀의
어머니에 비해 2~3배 이상의 높은 양육 스트레스를 겪는
것으로 보고된 바도 있다.[7]

양육 부담을 덜기 위한 사회의 역할

그럼에도 부모는 자녀의 성장을 위해 끊임없이 노력한다.
부모는 자녀의 장애를 인식하고 긍정적으로 수용하면서 성
장 속도에 맞는 교육과 일상이 이루어지도록 자신의 역할
을 해나간다. 부모는 자녀의 권리 옹호자로, 사회의 편견과
차별에 맞서 자녀의 권익을 보호하고 옹호하는 역할을 수
행하면서 자녀를 위한 교육과 복지서비스를 위해 목소리를
높인다. 그리고 부모는 자녀를 위한 현명한 의사 결정자로,
자녀에게 필요한 교육, 치료, 취업, 독립 등 중요한 사안에
대해 합리적이고 현명한 결정을 내리기도 한다. 부모는 또
한 훌륭한 교육자로, 자녀의 일상생활에서 자연스러운 가르
침을 주기도 한다. 자녀가 긴 시간 받아온 교육과 치료를 일
상생활에서 일반화하기 위해서는 부모의 교육 전문성이 필
요하다. 때로는 효율적인 협력 조정자로, 자녀의 삶에 연결
된 많은 전문가와 기관, 지원자와 소통하고 의견을 나누며

자녀에게 가장 효율적인 목표와 방향성을 잡아주는 역할을 하게 된다.

이렇듯 자녀를 위한 부모의 역할은 매우 중요하지만, 여기에 더해 사회의 역할도 중요하다. 우선 전문적인 정보 제공이 필요하다. 장애인 자녀에 대한 책임이 지나치게 가족에게 전가되지 않도록 자녀의 일생에 필요한 다양한 정보를 적극적으로 제공해야 한다. 정보의 부족으로 자녀에게 필요한 서비스를 놓치게 되는 일이 없도록 다양한 정보와 필요한 서비스를 쉽게 찾을 수 있는 환경이 마련되어야 한다. 그리고 부모를 신체적·심리적으로 돕기 위해 전문적인 상담 지원을 확대해야 한다. 현재 제공되고 있는 발달장애인 부모 상담지원, 발달장애인 가족휴식지원, 발달장애인 긴급돌봄서비스, 장애아가족 양육지원서비스 등을 더 확대·지원해야 한다. 그리고 이러한 서비스를 모두 받을 수 있도록 적극적인 정보 제공도 함께 이루어져야 한다. 또한 치료비, 교육비, 보조기기 구입비 등에 대한 지원을 확대하고, 장기적 지원 체계를 마련해 경제적 부담을 완화해야 한다. 단기돌봄, 방과후 활동 지원, 긴급돌봄 등 다양한 형태의 돌봄 지원서비스를 확대해 부모의 양육 부담을 줄여야 하며, 지역사회를 기반으로 다양한 네트워크를 구축해 부모들이 서로 교류

하고 정보를 공유하며 정서적 지지를 얻을 수 있도록 지원해야 한다. 다양성 존중에 기초한 사회적 포용 문화를 조성해 장애에 대한 올바른 이해를 돕고, 장애인과 그 가족을 존중하며 누구나 함께 살아갈 수 있도록 해야 한다. 나아가 자녀의 자립, 직업, 주거 등에 대한 장기적인 계획 수립을 지원하고 관련 서비스를 확대·연계해 장애인 자녀가 지역사회에서 당당한 시민으로 살아갈 수 있도록 해야 한다. 그리고 자녀뿐만 아니라 부모에 대한 지원도 강화해야 한다. 부모를 위한 건강 관리 지원, 여가 활동 지원 등을 통해 부모의 삶의 질이 향상될 수 있도록 해야 한다.

장애인 자녀를 둔 부모의 어려움은 더 이상 개인의 문제라 할 수 없다. 단순한 개인의 어려움이 아닌, 우리 사회 전체가 함께 고민하고 해결해야 할 과제인 것이다. 그들이 마주하는 현실적 어려움과 끊임없는 노력을 오롯이 한 가정의 책임으로만 전가해서는 안 된다. 정부와 사회는 부모들에게 실질적이고 지속적인 지원을 제공해야 하며, 모두가 잘 살아갈 수 있는 사회를 만들 책임이 있다. 이들의 삶이 더 이상 힘들고 고단하지 않도록, 다양한 지원과 사회적 인식 변화가 이루어질 수 있도록 모두가 노력해야 할 것이다.

가장 싫지만,
가장 좋은 곳

가장 싫지만,

윤경의 이야기

"고등학생 시절, 학교는 비록 여전히 놀림을 받는 곳이었고 그때 왕따를 당한 적이 있었거든요. 그게 너무 싫었어요. 그렇지만 고등학생 때는 가장 좋아하는 것을 이룰 수 있게 한 시기이기도 했어요."

미안함이 밀려왔다. 특수교사로서 미안함이 한가득 밀려왔다.

윤경 씨는 해맑은 소녀다. 고등학교를 졸업하고 제법 긴 시간의 사회생활을 해온 30대 초반의 소녀. 수줍음이 많아 눈을 잘 못 마주치지만, 슬쩍슬쩍 고개를 들어 얼굴을 바라보고 웃음 짓는다.

그는 현재 한국피플퍼스트의 대표를 맡고 있다. 피플퍼스트People First는 1974년 미국 오리건주에서 열린 발달장애인 자기권리주장대회에서 한 당사자분이 "나는 우선 사람으로 알려지길 원한다I wanna be known to people first"라고 한 말에서 시작되었다. 장애인이라 불리기 전에 우선 사람으로 존재하길 원한다는 의미를 담은 '피플퍼스트'는 발달장애인 자기옹호운동을 대변하는 말이 되었다. 이후 한국에도 피플퍼스트가 전해지면서 2013년 전국발달장애인자조단체대회를 시작으로 2017년에 한국피플퍼스트 사무국을 열었다. 피플퍼스트는 발달장애인이 직접 회의를 하고 어떤 권익옹호 활동을 할지 결정하고 실행한다.

그를 처음 알게 된 건 어떤 영상을 통해서였다. 발달장애인 남녀가 서로 애틋함을 표하며 장거리 연애를 하는 이야기 속 주인공으로 나왔던 윤경 씨. 수줍음을 한가득 머금고, 부끄럼으로 물든 발간 얼굴은 금방이라도 터질 것 같았다. 결혼 이야기를 나누며 일상을 살아가는 두 사람의 모습을 보며 윤경 씨가 참 귀엽고 사랑스러워 보였다. 언젠가 꼭 한번 만나보고 싶다는 막연한 생각을 그때 잠깐 했었다.

그러다 시간이 흘러 진짜 윤경 씨를 만났다. 그때 나는 발달장애 당사자가 자신의 삶을 직접 이야기하는 내용을 유튜브 영상으로 담고 싶어서 그 주인공을 찾던 중이었다. 특수학급 후배들에게 자신의 이야기를 통해 희망을 전하고 있는 당사자분이 있다고 소개를 받았는데 그가 바로 윤경 씨였다. 그렇게 촬영을 계기로 직접 연락하며 만나게 되었던 때가 7년 전 즈음이었다.

전국의 후배 여러분에게 꿈을 심어주고,
한국 최초 여성 장애인 인권위원이 되고 싶어요

오랜만에 윤경 씨를 만났다. 인터뷰를 핑계 삼아 만나서 미안한 마음이 들었지만, 서로 "우리 만나요"를 시시때때로 외쳤던 터라 반가움이 더 컸다. 윤경 씨는 예의 해맑은 미소로 나를 반기며 미리 준비해둔 회의실로 안내했다.

"윤경 씨, 잘 지냈어요?"라는 나의 안부 인사에 그는 "네" 하고 짧게 대답하고는 주머니 속에서 무언가를 주섬주섬 꺼냈다. 고이 접은 종이 한 장을 꺼내더니 천천히 펼쳐 들고 읽기 시작했다.

"안녕하세요. 저는 지금 대구피플퍼스트 상근활동가도 하고 있고 한국피플퍼스트 대표 문윤경이라고 합니다. 저는 대구에 ○○고등학교를 나왔는데 여기서 시내 방향으로 가면 ○○고등학교가 있는데, ○○구 ○○동에 있거든요…."

수줍음만큼이나 실수에 대한 걱정이 많았던 윤경 씨는 누군가의 도움을 받아 미리 인터뷰 내용을 정리해놓았다. 슬쩍 보니 그 내용이 많지 않아 보여 준비된 내용을 다 읽을 때까지 기다렸다.

"전국에 있는 후배 여러분한테 꿈을 심어주고 싶고, 한국 최초 여성 장애인 인권위원이 되고 싶어서 지금 인권강사 교육 심화과정을 듣고 있습니다"로 준비된 이야기는 끝났다.

"와, 멋진 이야기네요. 고마워요 윤경 씨! 몇 가지 더 물어봐도 될까요?" 나는 그의 학창시절이 궁금해졌다.

괴롭힘에 시달리지 않고,
다른 친구들하고 잘 어울렸으면 좋겠어요

"윤경 씨의 고등학교 시절은 어땠나요?"로 이야기를 시작해보았다.

"고등학교 때는 놀리는 사람이 많아가지고 암울했고, 어떤 불량한 학생하고 어울려 다녀야만 하는 것이 너무 싫었어요. 처음에 저는 싫었는데, 그 친구가 혼자 가기 심심하다고 같이 가주면 안 되냐고 부탁을 했었는데, 그래서 억지로 같이 가게 되었어요."

"근데 그 친구가 돈을 뺏거나 그랬나요?" 걱정되는 마음에 물어보았다.

"음, 돈 빌려달라는 핑계로 가져가서는 갚지 않았어요. 그래가지고, 엄마한테 솔직하게 말하고 선생님도 알게 되었어요. 그 친구는 선생님한테 혼나고 나서야 돈을 돌려줬어요."

윤경 씨는 그 친구와 계속해서 하교하게 되었다고 한다. '나쁜 친구'라고 윤경 씨 편을 들어줬지만 괜찮다고 했다. 혹시 그 친구가 어떻게 살아가고 있는지 궁금하냐고 물어보니, 연락을 하지 않아 잘 모르고 궁금하지도 않다고 했다. 상처로 남은 학창시절을 애써 외면하려는지 괜찮다고 이야기했지만 괜찮지 않아 보였다. 싫었던 기억을 떠올리느라 미간에 가득 힘이 들어가 있었다. 그의 기분을 풀어주고 싶어 이야기의 주제를 바꿔보았다.

"고등학교 입학하던 날 기억하나요?"

"이제 고등학생이 되니까 속으로는 '죽었구나' 생각이 들긴 했는데, 다른 친구들과 사귈 수 있다는 설렘을 느낄 수 있어서 좋았어요."

윤경 씨는 '공부 때문에 죽었구나' 하고 생각했었다. 하지만 새로운 친구들을 사귈 생각에 설레었다고 한다. 그에게 고등학교는 새로운 친구를 만날 수 있는 설렘의 대상이자 공간이었다. 하지만 기대와는 다르게 설렘을 주는 친구가 아닌 두려움을 주는 친구를 만났고, 이 경험은 학교를 "가장 싫은 곳"으로 기억하게 했다. 윤경 씨에게 마지막으로 아픈 이야기를 물어보았다.

"학교 다닐 때 제일 힘들었던 것 있나요? 친구랑 같이 하교하는 게 가장 힘들었다고 했나요?"

"네. 맞아요. 원래는 일찍 집에 착실히 갔는데 그 친구가 혼자 다니기가 좀 심심했나 봐요. 그래서 몇 번씩 같이 갔는데 한번은 피했거든요. 그랬더니 내 얼굴을 보자마자 왜 같이 안 가냐고, 같이 가자고 했어요. 그게 너무 싫었어요."

"윤경 씨는 같이 다니기 싫었는데, 혹시 '나는 너랑 같이 가기 싫어'라고 말해본 적 있나요?"

"아니요."

"왜? 무서워서?"

"네. 무서워서."

잠시 잊었던 미안함이 다시 밀려왔다. 진짜 마지막으로 궁금한 게 있어 물어보았다.

"그럼 고등학교로 다시 돌아간다면?"

"공부 스트레스에 너무 시달리지 않았으면 좋겠어요. 괴롭힘에 시달리지 않고, 다른 친구들하고 잘 어울렸으면 좋겠어요."

윤경 씨에게 학교는 여느 소녀들처럼, 공부에 시달리지만 친구들과 즐겁게 지냈으면 하는 공간이었나 보다.

윤경 씨에게 좋은 기억을 찾아주고 싶었다.

"고등학교 때 보고 싶은 사람이 있나요?"

"최지윤 선생님이요. 머리가 엄청 길었고, 엄청 예쁜 선생님이었어요."

"특수학급 선생님이었나요?" 당연히 특수교사였으리라 생각하고 이야기를 이어갔다.

"아니요. 예전에 지리, 사회지리 과목 담당 선생님이었는데 엄청 친절하셨어요. 예전에 저의 담임이기도, 고3 때 담임이셨어요."

지금의 고등학교 통합교육을 생각했을 때, 통합학급에서의 아이들 생활을 봐왔던 터라 당연히 특수교사겠거니 했는데, 그의 대답에 아차 싶었다. 일반교사가 통합교육 환경에서 우리 아이들의 기억에 남을 만큼 잘해주리라고 생각하지 못했었다. 누구나처럼, 윤경 씨도 자신에게 친절히 대해준 사람이 기억에 남는 거였다. 그게 특수교사든 아니든. 그의 학창시절을 따뜻하게 만들어준 최 선생님께 감사할 따름이다. 윤경 씨의 좋은 기억을 더 찾아주고 싶었다.

"고등학교 때 배웠거나 경험했던 것 중에 도움이 되는 것이 있나요?"

"컴퓨터 활용법에 대해서 재미있게 배웠는데, 잘 열심히 배워서 지금은 한글하고 워드나 파워포인트 정도는 다룰 수 있는 것 같아요. 손재주가 좋아가지고, 지금은 바느질은 잘 안 하고 있는데, 여러 가지 취미활동을 가질 수 있게 해줬거든요. 특수학급에서 취미활동 같은 걸 많이 지원해줬는데 그런 게 도움이 되었어요."

윤경 씨는 특수학급에서 배운 교과수업은 기억에 남지 않지만 다양한 활동들, 특히나 취미활동 같은 건 기억에 많이 남고 지금도 생활에 도움이 된다고 했다. 하지만 이 취미활동들을 가르쳐준 특수교사의 이름을 기억하지 못한 걸 보면, 특수학급 선생님은 강 선생님처럼 그렇게 친절하진 못했나 보다.

윤경 씨에게 학교는 싫지만 좋은 곳이었다. 친절하게 대해주신 선생님이 있었기에, 그리고 재미있었던 수업이 있었기에 어둡기만 한 고등학교 시절은 아니었으리라 생각된다.

누구나 처음에는 서툴고 어려운 법이다
그렇게 하나씩 배워가는 거다

"윤경 씨는 항상 독립하고 싶어 하잖아요. 독립 계획이 있나요?"

"네. 부모님은 맨날 잔소리하고… 언젠가는 해야 하는데, 지금 엄마가 평생 같이 살자고 하는 거예요. 그런데 저는 싫죠. 지금 부산에 있는 애인하고 사귀고 있는데, 몇 년 후에는 결혼을 해야 할 것 같아요. 애인도 결혼하고 싶어 해요."

"왜 독립을 하고 싶어요?"

"왜냐하면, 할 수 있는 요리도 배우고… 그리고 제가 밤에 혼자서 잘 자거든요. 연습 삼아서 한번 해보고 싶어요."

"요리 같은 건 좋아하는데, 집에서는 못하게 하나요? 위험하다고?"

"위험한 건 아닌데, 살찐다고."

"밥 먹을 때만 하면 되잖아요."

"엄마 안 계실 때 몰래 해 먹어보긴 했어요."

윤경 씨는 진심으로 독립을 원한다. 부모의 간섭에서 벗어나 스스로 자신의 삶을 꾸려가고 싶어 한다. 사랑하는 애인과도 함께 지내고 싶다. 그에게 독립은 당연한 권리이자 선택이다. 사람들은 발달장애인의 독립을 이야기하면 무언가 스스로 다 해낼 수 있어야 한다고 생각한다. 당연히 준비가 되지 않았으리라 보고 독립에 대한 걱정을 내비친다. 하지만 우리가 처음부터 모든 것을 다 해낼 수 있어서 독립할 수 있었던 건 아니다. 밥이든 빨래든 청소든, 출근 준비하고 회사를 다니며 계획적인 경제생활을 할 수 있는 것은 경험을 통해 가능한 것이다.

누구나 처음에는 서툴고 어려운 법이다. 그렇게 하나씩 배워가는 거다. 혹 배워가는 게 어렵다면 다른 사람의 도움을 받거나 사회적 제도를 활용하면 된다. 그러니 더 이상 누군가의 독립을 다른 사람이 판단하지 말고, 당사자의 선택을 존중하고 지지해주면 좋겠다. 나는 아직도 밥하는 게 서툴고 돈을 헤프게 쓰기도 하지만, 그냥 잘 '살아가지고' 있다. 누구나처럼.

"혹시 부모님께 하고 싶은 말이 있을까요?"

"엄마, 아빠 저를 이렇게 낳아주셔서 감사합니다."

"엄마가 잔소리하는 건 싫어하잖아요."

"그래도 어쩌겠어요(웃음)."

무조건 귀찮다고 혼내지 말고
사랑으로 보듬어줬으면 좋겠어요

"윤경 씨, 학교에 있는 선생님들과 일반학급에 있는 비장애 학생들한테 하고 싶은 이야기가 있을까요?"

"선생님들은 특수학급 학생을 무조건 귀찮다고 혼내지 말고 사랑으로 보듬어줬으면 좋겠어요. 그리고 일반학급 친구들에게는 비장애인들하고만 어울리지 말고, 장애인들과도 함께 어울렸으면 좋겠다고 이야기해주고 싶어요."

졸업한 지 10년이 넘은 윤경 씨의 이야기는 현재에도 그대로 적용되는 이야기들이다. 그래서 마음이 더 무겁고 아팠다. 10년이 넘는 시간 동안 사회와 학교는 왜 이렇게도 변하지 않았을까? 그럼 10년도 지난 고등학교 시절에 그가 진짜 배우고 싶었던 것, 그리고 배웠으면 했던 것이 무엇이었을까 궁금해졌다.

"장애인식개선에 대해 다시 한번 듣고 싶었어요. 왜냐하면 매 맞는 발달장애인도 많고, 차별당하는 발달장애인도 많아요. 그리고 특히 참정권 관련해서 제가 관심이 많거든요. 기자회견에도 몇 번 참여한 경험이 있고요. 그래서 올해는 서울에 기차를 타고 자주 간 적이 있었어요. 그리고 정리

정돈 같은 거. 또 화장하는 거. 요즘엔 더워서 잘 안 하고 있는데 찬바람 불면 화장을 할 것 같아요. 어떻게 해야 피부가 고와질 수 있는지." 그의 말을 듣고 나니 비장애 학생뿐만 아니라 장애 학생들에게도 당사자의 인권과 권리에 대해 좀 더 깊이 있고 다양한 내용의 이야기를 나눠봐야겠단 생각을 했다.

"그럼 혹시 윤경 씨 스스로에게 하고 싶은 말이 있나요?"

"제가 실수를 할 때마다 자기 비하를 했었거든요. 나는 왜 이렇게 못하나. 실패하는 게 너무 무서워가지고. 그래서 나 스스로를 돌아봤으면 좋겠다, 실수해도 자기 비하를 하지 말고 실수한 부분은 고쳤으면 좋겠다고 이야기해주고 싶어요."

"그럼 끝으로 윤경 씨의 꿈을 이야기해주실래요?"

"전국에 있는 후배들에게 말하고 싶은 게 있어요. 고등학생 때부터 장애인 인권에 관심을 품게 된다면, 고등학교 졸업 이후에는 저처럼 한국피플퍼스트 회원으로 활동할 수 있고, 멋진 한국피플퍼스트 대표가 될 수 있어요. 저는 멋진 활동을 하면서 전국에 있는 후배 여러분한테 꿈을 심어주고 싶고, 유엔장애인권리위원회에서 한국 최초로 피플퍼스트 여성 장애인 인권위원이 되고 싶어요."

그의 바람과 꿈이 꼭 이루어졌으면 좋겠다. 그리고 대한 민국의 수많은 윤경 씨가 졸업 후에 많은 선생님을 기억할 수 있었으면, 공부는 힘들지만 좋은 친구들이 있어 즐거운 학교생활이 되었으면, 기억에 남고 생활에 도움이 되는 수업들이 많이 이루어졌으면 좋겠다. 그래서 나도 미안한 마음이 들지 않았으면 좋겠다.

온전한 나로 살아갈 권리

윤경 씨는 현재 한국피플퍼스트 대표를 4년째 연임하고 있으며, 모두가 그러하듯 사랑하는 사람과 이별 후 새로운 사랑을 기다리고 있다. 아직 자립을 하지는 못했지만, 틈틈이 엄마의 눈치를 살피며 자립을 꾀하고 있다.

발달장애인으로 등록된 사람들 중 70퍼센트 이상이 20대 이상의 성인기를 살아가고 있다.[8] 이들은 대부분 자립에 대한 고민을 안고 있지만, 대체로 가족과 살고 있다. 사람들은 간혹 "발달장애인이 자립을 하고 혼자서 살아갈 수 있을까?" "발달장애인도 결혼을 하고 살아갈 수 있을까?"와 같은 질문을 한다. 이 질문에 대한 답은 정해져 있지 않지만, 발달장애인의 자립과 결혼에 어려움이 있으리라는 우려는 정해져 있다. 그런데 이 질문은 과연 정당할까? 이러한 질문을 나에게 한다면 어떤 기분이 들까?

"당신은 자립해서 혼자서 살아갈 수 있나요? 그리고 결혼을 할 수 있나요?"

"다 괜찮지는 않지만 그래도 괜찮아요"

시설에서 오랫동안 생활하다 자립하여 지역사회에 정착해 살고 있는 한 발달장애 당사자에게, 시설에서 나와서 살아가는 것이 어떠냐고 물었다. 그는 이렇게 대답했다.

"시설 나와서 살아도 괜찮아요. 다 괜찮지는 않지만 그래도 괜찮아요."

그렇다. 누구나 삶의 모든 것이 만족스럽진 않더라도 어느 정도의 만족 속에서 살아가고 살아가진다. 이건 장애, 비장애 상관없이 누구에게나 해당하는 일이다. 과거에는 발달장애인이 혼자서 살아가야 할 때가 되면, 선택할 수 있는 것이 시설밖에 없었다. 당사자를 보살피며 함께 살던 부모가 돌아가시면 자연스레 시설에 입소해 남은 생을 그렇게 살아갔다. 요즘은 다행히도 탈시설운동이 이루어지면서 시설이 아닌 지역사회 내에서 살아갈 수 있는 제도적 지원들이 생겨났다. 덕분에 당사자들은 시설이 아닌 지역사회에서의 자립 생활도 선택할 수 있게 되었다. 혹자는 "시설이 뭐

어떠냐. 좋은 시설이 많다"라고 하지만, 시설은 시설일 뿐이다. 시설은 자유가 보장되지 않고 정해진 일정대로 따라야 하기에 '온전한 나'로서의 삶을 살아가기 어렵다. 주말 아침에 늘어지게 잠을 자고 일어나 느긋하게 커피를 내려 아점을 먹는 그런 일상을 살 수 없다. 정해진 시간에 일어나야 하고 정해진 시간에 밥을 먹어야 한다. 원하는 식사 메뉴를 고를 수 없고, 외출하려면 누군가의 허락을 구해야 한다. 이러한 삶을 스스로 원하고 선택하는 사람이 과연 얼마나 될까?

'자립'은 자신만의 온전한 공간을 가지고, 스스로 매 순간을 선택하고 결정하며 그에 따라 자신의 삶을 살아가는 것이다. 그런데 사람들은 이러한 동일한 기준으로 발달장애인의 독립을 바라보기에 그들의 자립에 의문을 품게 된다. 발달장애인의 자립은 '상대적 자립'으로 볼 필요가 있다. 상대적 자립이란 완전한 자기결정권에 기반을 둔 자립 생활이 어렵다 하더라도, 개인의 기준에서 이전 생활보다 상대적으로 더 자립적 생활이 가능하다면 이를 자립으로 볼 수 있다는 개념이다. 온전히 혼자만의 힘으로 살아가는 것이 아니라 사회적 제도와 사람들의 지원을 받으며 주체적 삶을 살아간다는 의미다. 다시 말해, 스스로 모든 것을 할 수 있느냐가 아닌 개개인의 자립 생활을 위해서 필요한 지원을 어떻게 받을 수 있느냐가 자립 생활에 있어서 중요한 기준이 된다는 것이다. 당사자들은 이러한 지원의 연결을 통해 지역사회 안에서 자신의 생활을 스스로 선택하고 결정하며 '자립'한 삶을 살아갈 수 있다.

우리는 자립에서 말하는 '할 수 있다'는 기준을 조금 다르게 볼 필요가 있다. 꼭 무엇인가를 스스로 해내야만 한다는 기준을 벗어나보자. 혼자서 목표를 이루지 못하면 도움을 받거나 다른 방법을 찾아도 된다. 자립 생활에서 식사를 해결하는 것은 중요한데, 스스로 밥을 짓는 것이 어렵다면 즉석밥을 사서 전자레인지에 돌려 먹으면 된다. 이것마저 어렵다면 배달 애플리케이션을 이용하면 된다. 우리 사회에는 이미 《쉬운 배달앱 사용법》 같은 책자도 나와 있다. 사실 많은 사람들이 밥을 짓고 상 차리기를 할 수 있지만 즉석밥과 배달을 사용하고 있다. 그리고 자립 생활에서 돈 관리는 필수인데, 그것이 어렵다면 국민연금공단이 운영하는 신탁제도를 활용하면 좋고, 금융 사기에서 보호받을 수 있게 공공후견인제도를 활용할 수도 있다.

그뿐만 아니라 국가에서 운영하는 장애인지원주택을 통해 자립 공간과 관련한 서비스도 받을 수 있다. 장애의 정도에 따라 자립 생활에 필요한 지원을 받을 수 있기 때문에 '장애가 심한 장애인'이라 명명된 사람들도 충분한 지원을 받아 생활을 영위할 수 있다. 그리고 생활할 공간이 마련되어 있다면 정부가 제공하는 돌봄·주거서비스를 활용하여 혼자 살기 위해 필요한 지원을 받을 수도 있다. 이처럼 자립에 대한 기준을 좀 더 유연하게 보고, 필요한 제도와 인력을 연결한다면 누구나 자립할 수 있다. 어떤 경우든 자기 삶을 스스로 선택해서 살아가고, 그 삶이 동등하게 존중받아야 한다. 이 기준에서 '장애'가 장애가 되어서는 안 된다.

사랑은 허락이 아니라 용기다

사랑은 허락이 아니라 용기이며, 결혼은 조건이 아니라 선택이다. 결혼은 사랑과 행복을 추구하는 개인의 소중한 권리이자 그들의 삶의 질 향상과 정서적 안정을 위한 중요한 과정이기도 하다. 결혼을 통해 자기결정권을 행사할 수 있으며 사회적 인정도 받을 수 있다. 이는 장애와 비장애 구분 없이 누구에게나 해당하는 이야기다.

발달장애인의 결혼은 비장애인과 마찬가지로 사랑과 친밀감을 바탕으로 한 개인의 권리이고 행복한 삶을 위한 중요한 선택이다. 하지만 발달장애인의 결혼과 결혼 생활은 사회적 편견과 이해 부족, 그리고 사회적 지원의 부족으로 불가능한 것처럼 여겨지고 있다. 누군가에게 당연한 것들이, 장애를 이유로 불가능하게 여겨지고 있는 것이다.

가까운 지인이 참여하고 있는 발달장애인 자조모임이 있는데, 그 모임은 여덟 쌍의 발달장애인 부부로 이루어져 있다. 오랜 기간 모임을 주기적으로 해오고 있으며, 서로의 안부를 묻고 챙기며 결혼 생활에 대한 지지와 지원을 하고 있다. 여기 여덟 쌍, 그러니까 총 16명의 발달장애인의 공통점이 딱 하나 있는데, 이들이 결혼할 때 모두 부모가 돌아가시고 안 계셨다는 것이다. 다시 말하면, 결혼을 선택할 때 누군가의 판단과 허락이 아닌 오롯이 자신들의 용기와 선택으로 결혼을 결정했다는 것이다. 슬프지만, 이들 중 누군가의 부모가 살아 계셨더라면 아마 여덟 쌍 모두가 결혼을 이루지는 못했을 수도 있다. 발달장애인 자녀를 둔 부모는 자녀의 연애와 결혼에 있어서 부정적인 반응을 더 많이 보이는 편이다. 내가 가르쳤던 제자들의 부모들도 대부분 그랬다. 몇몇 제자가 스무 살이 넘어 서로 좋은 감정으로 만남을 시작하지만 대부분 부모의 반대로 헤어진다. 연애도 그러한데 결혼은 언감생심일 것이다.

얼마 전 결혼을 하면서 세간에 화제가 되었던 주인공이 있다. 바로 발달장애 당사자인 정은혜 씨와 조영남 씨다. 두 사람의 결혼 이야기가 기사화되면서 TV에도 출연했다. 결혼하는 것은 참 평범한 일인데 두 사람의 결혼이 이렇게나 이슈화되는 것을 보면 발달장애인의 결혼만은 참 특별한 일인 것 같다. 실제로 최근 발달장애인의 혼인과 관련한 실태 조사 자료를 보면, 당사자의 미혼 비율이 82.1퍼센트이고, 결혼이나 동거의 경우는 10.1퍼센트로 나타난다.[9] 사실 비장애인로 살아가는 이들이 자신의 주변에서 발달장애인을 만나기도 쉽지 않은데, 10.1퍼센트나 결혼·동거 생활을 하고 있다는 사실을 믿기가 쉽지 않을 수도 있다. 그리고 같은 조사에서 발달장애 당사자가 미래에 본인은 결혼해서 아내 또는 남편과 살고 싶다고 응답한 비율이 23.8퍼센트나 된다. 사실 23.8퍼센트'밖에' 되지 않지만, 현 상황에서는 23.8퍼센트'나' 되어 보인다. 또한 혼자서 살고 싶다고 한 당사자는 20.8퍼센트, 친구와 함께 살고 싶다고 한 당사자는 2.6퍼센트로, 미래에 자립을 원하는 당사자는 약 50퍼센트 정도로 조사되었다.[10]

은혜 씨와 영남 씨가 결혼 이야기를 꺼냈을 때, 은혜 씨의 부모는 '한 사람을 더 돌봐야만 하는 건가?'라는 고민을 했다고 한다. 이런 고민으로 결혼에 대한 허락을 쉽게 못 하고 있을 때, 은혜 씨와 영남 씨가 매일매일 너무나 행복해하는 모습을 보고 생각을 돌리게 된다. 한 번밖에 없는 자신의 인생을 스스로 선택하고 살아갈 수 있게 어른들이 지지하고 응원해주기로 말이다. 실제로 두 사람은 결혼을 통해 함께 자립하고, 사회에서 일을 하며 월급을 받아 가정을 꾸려나가고 있다. 사회 구성원으로서 당당하게 살아가며 결혼 전보다 훨씬 더 주체적인 삶을 스스로 만들어가고 있다.

자립과 결혼은 타인의 선택으로 이루어지는 것이 아니다. 그렇기에 발달장애인의 자립과 결혼에 대한 고민과 선택은 당사자 본인이 하면 된다. 지역사회와 주변 사람들은 이들의 고민과 선택의 과정에서 응원하고 지지하는 역할을 하고, 선택의 결과에 맞게 지원해주면 된다.

자립과 결혼 외에도 '온전한 나'로서 살아가기 위해 스스로 선택할 것들은 많다. 어디에서 살 것인지, 어떤 직업을 선택하고 어떤 서비스를 이용할 것인지, 여가 시간에는 무엇을 할 것인지. 이러한 기본적인 것들을 스스로 선택하고 살아가는 것만으로도 온전한 나로서 행복한 삶을 누릴 수 있게 되는 것이다. 그리고 이러한 결정 뒤에 따르는 책임도 스스로 지면 된다. 때론 이러한 결정과 책임을 혼자서 감당하기 어렵다면 누군가의 도움을 받아도 된다. 생각해보면 모든 사람은 혼자서 살아갈 수 없고, 서로를 돕고 도움받으며 살아가고 있다.

"착한 사람이 손해 보는 것 같지만, 나이가 들면 행복으로 크게 보상받는다. 당신이 친절하고 관대한 사람이라면 노후의 행복을 걱정하지 않아도 된다."[11] 서울대학교 심리학과 최인철 교수는 이렇게 말했다. 서로를 향한 친절과 관대함이, 시간이 흐른 뒤 모두의 삶을 더 단단히 지탱해줄 수 있지 않을까.

장애인과 비장애인은 친구가 될 수 있을까

성민의 이야기

“저도 도움을 많이 받았고, 도와주고 싶어요. 나라에서 지원도 해주고 사회복지사가 저희 집안도 지원해주고 그래서요. 꼭 사회복지사가 돼서 사람들을 도와주고 싶어요.”

성민이는 어려운 가정 환경에서도 웃음을 잃지 않는 강하고 밝은 아이다. 살아오며 받아왔던 도움을 되돌려주고 싶어 하는 성민이는, 사실 웃음 뒤에 숨겨진 슬픔과 갈등이 더 많은 친구다.

성민이의 눈웃음은 겨울의 시린 바람도 녹여버릴 것 같다. 희희낙락 뭐가 그리 재미있는지 눈꼬리와 입꼬리가 늘 붙을락 말락 한다.

“학교 급식은 어때?”

“중학교 때랑 비슷하게 맛있어요.”

“근데 왜 작년까지는 급식을 안 먹었어?”

“살 빼려고요.”

“작년에 점심을 안 먹었는데 살이 쪘잖아. 어떻게 된 거야?”

“할 말이 없다”라며 엄지를 치켜세운다. 눈꼬리와 입꼬리가 만나기 직전이다.

“고등학교 때 가장 기억에 남는 선생님 있니?”

“김은혜 선생님. 마음이 따뜻해서요.”

“어떤 면에서 마음이 따뜻했어?”

“저한테 항상 맛있는 걸 주셨어요.”

“맛있는 거 사주는 건 내가 더 잘하지 않니?”

“인정!”

“그럼 내가 가장 기억에 남게 되겠네?”

“할 말이 없다”라며 눈꼬리와 입꼬리가 또 만나고 있다.

성민이는 늘 이렇게 웃음 어린 대화를 한다. 쉬는 시간이면 내 자리로 찾아와서 먼저 말을 건네고 대화를 이어나간다. 나를 향해 오고 있을 때 이미 얼굴에 눈웃음과 장난기가 가득하다. 그런데 이런 성민이에게 친구가 없다.

친구에 대해 알고 싶었다. 성민이에게 가장 친한 친구가 누구인지 물어보았다.

"그나마 특수학급에서는 지환이, 일반학급에서는 없어요."

"중학교 때 친구들은 많잖아. 피시방 같이 가고 하던 친구들 지금도 만나잖아."

"네. 중학교 때 친구는 많긴 하죠."

"그 친구들은 어떤 친구들이야? 너한테?"

"좋은 친구들. 잘해주는 친구들."

성민이는 중학교 3학년 때 특수교육 대상자가 되었다. 당시 학교에 특수학급이 없던 터라, 담임선생님께서 학업의 어려움이 있는 성민이에게 특수교육이 필요하다고 판단해 특수교육지원센터에 의뢰했다. 친했던 친구들과 특성화고등학교에 함께 가고자 했었는데, 특수교육 대상자가 되면서 특수학급이 있는 특성화고등학교를 찾다 보니 집에서 꽤 먼 이곳 학교까지 오게 되었다. 학교를 다니는 3년 내내 이 선택을 후회하고 있지만, 과거로 돌아가고 싶지는 않다고 했다. 물론 친구들에게는 자신이 특수교육 대상자임을 말하지 않았고, 지금까지도 동네 친구로 잘 지내고 있다.

"친구들로 인해 힘들었었니?"

"아니요. 저한테 아무도 관심 없어요."

"중학교 때는 어땠어?"

"친구들이 저한테 장난도 많이 걸어주고 그랬어요."

"그럼 이제 곧 졸업인데 친구들한테 하고 싶은 말 있을까?"

"딱히, 안 친해서…. 잘 살아라."

"일반학급 친구들하고 친하게 지내고 싶어?"

"아니요."

"지금은 안 그래? 중학교 때 애들하고는 되게 친하게 잘 지냈잖아. 그때랑 상황이 똑같다면 친구들하고 친하게 지내고 싶어?"

"네."

특수학급 때문일까? 대화를 주고받는 내내 편치 않고 미안했다. 중학교 시절 친구가 많았는데 왜 고등학교에 와서 외톨이가 되었을까? 통합을 상징하는 특수학급이 분리의 공간이 된 것일까? 성민이가 특수학급에 오게 되면서, 수업에서 분리된 만큼 친구들에게서 분리된 게 아닐까 하는 아픈 생각이 들었다. 성민이는 사실 본인의 장애를 스스로 밝히지 않는다면 장애 여부를 알 수 없을 정도의 아이다.

특수학급은 장애 학생과 비장애 학생이 함께 공부하고 생활하면서 서로를 이해하고 수용하게 되는 통합교육을 위해 일반학교 안에 별도로 설치된 학급을 말한다. 특수학급은 장애 학생의 개별화교육을 제공하는 동시에 일반학급에서의 통합수업을 지원한다. 일반교사와 특수교사 간 협력을 조정하고 학생들 간의 또래 관계 형성을 꾀하며, 비장애 학생과 교사를 대상으로 장애이해 교육을 진행한다. 이렇듯 특수학급의 원래 취지는 그 역할을 통해 학교 전체의 포용적 교육 환경을 만들어가는 것이다. 즉 특수학급은 일반학급 외의 또 다른 학급 개념이라기보다는 통합을 위한 지원 체계로 보아야 한다. 하지만 학업에 몰두하는 학교의 분위기에 휩쓸려 특수학급은 장애 학생이 분리되어 별도의 수업을 받는 교실이 되어가고 있다. 통합을 위한 지원 체계가 되어야 할 지금의 고등학교 특수학급이 어쩌면 '또 다른 분리'를 만들어내고 있는 것이 아닐까?

"장애인 등록을 하지 않고 살 걸 그랬어?"
"네. 엄마도 후회하시고"

"그냥 특수학급의 장애인, 저능아."

일반학급 친구들이 본인을 어떻게 생각하고 기억할까 하는 물음에 성민이는 이렇게 대답했다.

성민이는 장애에 대해 스스로 인지하고 인정하지만 부정적 수용 태도가 강했다. 특수학급에 오게 된 것도, 장애인 등록을 한 것도 모두 후회하고 있다. 심지어 지금의 삶이 힘들고 우울한 것이 모두 장애 때문이라고 생각한다.

"고등학교에 와서 특수학급에 오고 있잖아. 너의 마음이 어때? 중학교 때랑 달라?"

"특수학급은 장애인들 다니는 곳이구나. 쟤네들 좀 모자란 애들이구나."

"너 스스로 다른 친구들이 그렇게 느껴져? 특수학급 친구들이?"

"네."

"너는 스스로 너를 어떻게 느껴?"

"저도 좀 모자라긴 하죠."

"특수학급 수업이 너한테는 너무 쉬웠어?"

"솔직히 이게 유치원 수준이구나 하는 생각을 했어요. 너무 쉬웠죠."

실제로 성민이는 일반학급의 전공수업은 너무 어려워서 힘들었고, 특수학급의 수업은 너무 쉬워서 재미가 없었다고 한다. 하지만 암기 과목은 제법 잘하고 좋아했다. 사회 과목에 관심이 많던 성민이는 2학년 중간고사에서 한국사 전교 1등을 하기도 했다.

"다시 고등학교 1학년이 된다면 어떻게 하고 싶어?"

"전학 가야죠. 집 근처에 있는 특성화고등학교 이벤트학과에 갈 거예요."

"이벤트학과가 있어?"

"네. 특수교육 대상자 배치를 취소하고 갈 것 같아요."

특수교육 대상자 선정과 장애인 등록은 교육적·사회적 지원을 하기 위함인데 무엇이 이토록 성민이를 특수교육 대상자에서 달아나고 싶게 한 것일까? 성민이는 동등해야 할 친구 관계에서 자신에게 씌워진 특수교육 대상자와 장애라는 부정적 이미지로 인해, 친구들 눈치를 보며 쉽게 다가가지 못하고 함께하지 못하게 되어 그토록 힘들고 외롭게 되었나 보다.

"그러면 성민이는 지금 지적장애인으로 등록되어 있는데 그거에 대해서 어떻게 생각해?"

"아, 내가 굳이 바보로 만들어서 후회되기도 하고."

"장애인 등록을 하지 않고 살 걸 그랬어?"

"네."

“장애인 등록을 하기 전과 후에 너의 삶에서 어떤 차이가 있는 것 같아?”

“내가 진짜 바보가 됐구나. 내가 진짜 병신이 됐구나.”

“등록하지 말 걸 그랬나 하고?”

“네. 엄마도 후회하시고.”

“장애인으로 등록되어 있어서 스스로 부끄러웠던 적이 있어?”

“네. 내가 무시받는 건가 할 때요.”

“친구들이 ‘너는 지적장애니까 무시해. 너를 무시할거야’라고 말하지 않았는데 그렇게 느껴지는 거야?”

“네.”

성민이에게 장애란 무엇일까? 오늘날에는 장애 자체를 고유한 가치와 정체성으로 바라보는 흐름이 강해지면서 장애가 사회에 새로운 시각과 혁신을 제공하는 자산이 될 수 있다는 의견도 있다. 그러나 성민이와 같은 학생들의 생각을 살펴보면 과연 그러할지 고민하게 된다. 어쩌면 성민이에겐 장애가 부족하고 나쁜 것이라서 특수학급에 오는 순간 친구와 사회로부터 멀어진 것이 아닐까 하는 생각이 든다. 그리고 또 미안함이 밀려온다.

장애가 나쁜 건 아니잖아요
사람들이 나쁘게 봐서 불편한 거잖아요

"좋은 사람. 다정한 사람. 아주 친한 베스트프렌드. 친구 같은 사람."

성민이에게 어머니는 어떤 사람인지 물었더니 이렇게 대답했다.

성민이는 어머니와 둘이서 살고 있다. 어머니도 지적장애가 있지만 여느 어머니와 같이 자식을 아끼고 사랑하신다. 어머니는 매일 아침, 성민이가 학교에 가고 나면 "파이팅, 학교 잘 다녀와 아들"이라고 문자메시지를 보낸다. 성민이는 이 문자로 인해 매일같이 기쁘다고 한다. 주말이면 함께 산책을 하고 한 달에 한 번은 꼭 초밥뷔페에 가서 좋아하는 초밥을 양껏 먹는다. 그리고 1년에 서너 번은 외할머니 댁에 간다고 한다. 어머니의 장애에 대해 조심스레 묻자 성민이가 답했다.

"장애가 나쁜 건 아니잖아요. 사람들이 나쁘게 봐서 불편한 거잖아요."

"그래, 맞아. 장애는 나쁘거나 부끄러운 것이 아니지."

"엄마가 장애가 있어서 부끄럽진 않아요."

자신의 장애에 대한 부끄러움은 있어도, 어머니의 장애에 대해선 부끄럽지 않다는 성민이의 말을 들으니 괜스레 눈시울이 뜨겁다.

"네가 엄마를 그렇게 생각하는 것처럼, 너도 너 스스로를 그렇게 생각하면 좋을 것 같아. 성민이가 잘 살았으면 좋겠어, 행복하게."

정말, 진심으로 성민이가 행복하게 잘 살아가길 속으로 빌어보았다. 어머니에 대해 마지막으로 물었다.

"엄마한테 하고 싶은 말 있어?"

"내가 돈 많이 벌어서 엄마 행복하게 해줄게."

멋진 말에, 잠시 숨을 멈추어본다.

"혹시 지금 사는 게 편안하지 않아?"
"네. 근데 편안하지 않지는 않아요."

성민이는 자신의 고등학교 시절을 이렇게 표현했다.

"힘들었다."

통학이 너무 힘들었고, 일반학급의 수업은 너무 어려웠다. 특수학급에서 배우는 건 또 너무 쉬워서 학교에서 딱히 배우는 게 없었다고 한다.

"너무 어려웠어?"

"네. 제가 선택한 전공은 너무 어려웠어요. 차라리 다른 전공을 할 걸 그랬어요."

복지·의료·소득·고용 지원 등의 장애인 복지제도를 이용할 수 있기 위한 등록제도인 '장애인 등록'과 별개로, '특수교육 대상자 선정'은 특수교육을 필요로 하는 학생들에게 적합한 교육과정과 가족 지원, 치료 지원, 보조공학기기 지원 등의 다양한 특수교육 관련 서비스를 제공하기 위한 제도다. 다시 말해, 장애인 등록이 되어 있다고 모두가 특수교육대상자로 선정되는 것은 아니다. 반대로 장애인 등록이 되어 있지 않아도 특수교육 대상자로 선정될 수도 있다. 그리고 장애인 등록과 상관없이 특수교육이나 통합교육 등을 받기 위해서는 별도의 절차를 거쳐 특수교육 대상자로 선정되어야 하고, 선정된 학생들은 특수학급에서 수업을 듣고 지원을 받을 수 있다. 특수교육 대상자로 선정이 되어도 특수학급에서 수업을 받지 않아도 된다. 원하면 일반학급에서만 수업을 받고 생활할 수 있다.

하지만 성민이는 이 사실을 누구에게도 안내받지 못했고, 특수교육 대상자가 되면 무조건 특수학급이 있는 학교로

가야만 하는 줄 알았다. 그래서 집 앞에 있는 특수학급이 없는 특성화고등학교에 가지 않고 한 시간가량 떨어진 우리 학교에 왔다. 그리고 전공에 대한 정보도 모른 채 맨 앞에 설명되어 있던 전공을 선택했다고 한다.

성민이네 집처럼 정보 접근에 어려움이 있는 상황을 종종 본다. 학교 정보뿐만 아니라 사회적 지원에 대한 정보를 제공받는 것도 쉽지 않다. 주민센터에 있는 지원 안내서는 누가 보아도 어렵고 이해하기 힘든 단어들로 이루어져 있다. 게다가 우리나라 복지는 지원을 받는 대상이 직접 확인하고 신청해야 한다. 쉽게 이해할 수 있도록 바꾸어놓았다고 하는 안내문도 사실은 쉽지 않은 경우가 많다.

"집 앞에 있는 학교에 갈 수 있다고 누군가 알려줘서 그때 알았더라면 어땠을까?"

"당연히 거길 갔죠!"

나는 지금의 성민이를 만나 좋지만, 성민이가 지금 알게 된 것을 그때 알았더라면 얼마나 좋았을까. 특수학급에서 분리되지 않고 중학교 친구들과 함께 즐거운 고등학교 시절을 보낼 수 있었을 텐데 말이다. 특수교사로서 또 한번 미안한 마음이 든다.

성민이를 처음 만났던 3월에 나는 성민이가 살던 지역의 장애인복지관을 찾아갔다. 담당자와 만나 성민이네가 사례 관리를 받을 수 있도록 연계했고, 주민센터에 연락해 좀 더 많은 관심과 지원이 이루어질 수 있도록 여러 번 부탁드렸다. 물론 성민이와 성민이 어머니께 동의를 구하고 기관에 연락을 했다. 진짜 도움이 필요한 복지 사각지대에 놓인 가정에 대한 지원이 좀 더 적극적이고 촘촘하게 이루어졌으면 한다. 사회를 뒤흔들 만큼 큰 사건이 있을 때만 복지 사각지대에 대한 지원 체계를 이야기하고 새로운 제도를 만들고 있지만, 매번 같은 일이 반복되고 있어 슬프다. 언제쯤 모두가 평범한 하루하루를 누리는 일상을 살아가고, 힘들이지 않고도 힘들지 않게 사는 세상이 올까?

　장애와 비장애가 나누어지지 않고, 모두를 위한 교육과 사회문화가 자리 잡길 바라본다.

　성민이가 특수학급에서 가장 받고 싶은 수업이 궁금했다.

"세탁. 세탁 방법이요."

"아, 일상생활 같은 거? 독립하고 싶어서?"

"아뇨. 저 할 줄 몰라서요."

"그럼 고등학교 때 배웠던 것 중에 지금 너한테 도움이 되는 게 있어?"

"컴퓨터 수업이랑 바리스타 수업이요. 자격증을 따서 좋았고 혹시 취업할 수도 있으니까요."

성민이의 진짜 꿈이 궁금해졌다.

"너, 박성민의 꿈은 뭐야?"

"편하게 사는 거, 건강하고 편하게 사는 거요."

"혹시 지금 사는 게 편안하지 않아?"

"네. 근데 편안하지 않지는 않아요."

"그러면 네가 생각하는 건강하고 편하게 사는 건 뭐야?"

"건강하고 행복하게 사는 거. 지금도 행복하지만 그냥 하는 말이에요."

"행복한 건 뭐야?"

"맛있는 음식 먹는 거. 실컷 먹는 거요."

성민이가 엄마와 함께 편안하게, 건강하고 행복하게 잘 살았으면 좋겠다. 그리고 그 행복함을 많은 사람에게 나눠주는 멋진 사회복지사가 되어 훗날 현장에서 웃으며 꼭 만나고 싶다.

서로에게 익숙해져가는 시간

　성민이는 사회복지사가 되기 위해 대학에 가고자 했다. 하지만 뜻대로 되지 않고, 여러 번의 취업과 이직을 하며 자기 자리를 계속 찾고 있다. 언젠가는 꼭 사회복지사가 되기 위해 미루어둔 공부를 다시 시작하려고 잠시 웅크리고 있다. 그리고 여전히 엄마와 알콩달콩 잘 살아가고 있다.

　성민이는 고등학교에 오기 전, 특수학급이란 곳을 오가기 전까지는 차별과 분리를 경험하지 못했다. 학교에서는 친구들과 잘 어울렸고, 방과후나 주말에도 친구들과 동네에서 자주 만나 어울려 다녔다. '통합'을 위해 존재하는 특수학급에 다니면서 성민이는 전에 겪지 못한 차별과 분리를 경험하고, 이는 그동안 믿고 있던 사람들과 사회에 대한 불신으로 이어지게 된다. 누구를 위해 통합교육은 존재하는 것일까? 지금의 통합교육은 이대로 실패하게 되는 걸까?

통합교육의 현실

우리나라의 통합교육은 일반학교에서 장애 학생과 비장애 학생이 같은 공간에서 함께 생활하며 서로를 이해하고 존중하며 성장하는 교육을 뜻한다. 1971년 일반학교에 특수학급이 최초로 설치되었으며, 1990년대 이후 특수교육 정책은 통합교육이 중심이 되어 양적·질적 성장을 위한 노력이 있어왔다. 최근의 통계에 따르면 우리나라 특수교육 대상 학생의 약 74퍼센트가 일반학교에서 통합교육을 받고 있으며, 26퍼센트는 특수학교에 다니고 있다.[12] 이는 55퍼센트가 일반학교에서 통합교육을 받았고, 45퍼센트가 특수학교에 다니던 약 20년 전인 2002년에[13] 비해 통합교육의 중요성이 강조되면서 특수교육 대상자가 일반학교에서 교육을 받을 기회가 확대되고 있다는 점을 보여준다. 서로의 다름을 인정하고 존중하는 다양성 사회를 살아가는 지금의 시대에서 장애는 서로 다름의 대상으로 여겨지며, 통합교육도 다양성 교육의 하나로 인식되고 있다.

이렇듯 통합교육은 양적 성장과 함께 질적 성장도 이루어졌다고 평가되지만, 과연 지금의 통합교육 현실은 그러할까? '장애'를 다름으로 인정하고 서로를 존중하는 교육 환경이 이루어지고 있을까? 통합교육이 비교적 잘 이루어지는 곳은 바로 유치원이다. 유치원은 '놀이 중심 교육과정'으로 장애, 비장애 상관없이 모든 학생들이 온종일 어울려 지낸다. 함께하는 시간이 많은 만큼 부대끼며 서로를 알아가게 된다. 하지만 초등학교에 가면 '특수학급'에서 하는 수업들이 생겨난다. 일반학급에서 수업하기 어려운 과목들은 특수학급에서 하게 되는데, 일반학급 수업은 학년이 높아질수록 각 교과에서 배워야 할 내용이 어려워진다. 그래서 수업에 따라가지 못하게 되는 과목은 늘어나고, 그런 과목들은 특수학급에서 학생의 수준에 맞게 수업하므로 특수학급에서 듣는 과목들은 늘어나게 되는 것이다. 공간적으로 분리되면서 함께하는 시간이 줄어드니 서로에게 존재감도 줄어들게 된다. 중학교와 고등학교에서는 입시 중심으로 학교가 운영되다 보니 비장애 학생들은 학년이 올라갈수록 자신을 스스로 관리하고 돌보며 공부에 집중하게 된다. 자연스레 주변을 향한 관심은 줄어들게 되니 '통합'의 의미는 무색해지기 마련이다. 장애 학생들은 수업 시간에 그저 조용히 앉아 있거나 잠을 자는 것이 오히려 통합 환경에 잘 적응한다고 여겨지는 교육 현실이다.

이렇게 실패한 통합교육의 현상들은 아이들을 탓하기보

다는 수능시험에 짜맞춰진 우리나라 교육 시스템의 문제라 할 수 있다. 성적으로 모든 것을 판단하는 지금의 시대에는 어떠한 통합교육도 성공할 수 없다고 본다. 실제로 공부를 잘하기로 유명한 인문계고등학교에 근무할 때 통합을 위한 동아리 활동이나 프로그램을 만들어 홍보해도 아무도 참여하지 않았다. 학생들은 자신의 대학 진학을 위해 필요한 동아리 활동과 학교 행사에만 관심이 높았다. 하지만 상대적으로 입시 중심에서 벗어난 특성화고등학교에서는 통합을 위한 동아리 활동과 방과후 프로그램을 만들었더니 충분한 인원의 비장애 학생들이 동참해 운영이 되었다. 공부를 덜 하는 친구들이 오히려 주변을 더 살피고 서로 다른 친구들과 함께하려고 노력하는 모습들이 많았다. 그뿐만 아니라 고등학교 때 같은 학교를 다니고 어울리던 장애·비장애 친구들이 졸업 후에도 계속해서 연락하며 만나는 경우를 두 번 보았는데, 모두 특성화고등학교 아이들이었다.

그리고 교사들의 태도도 중요하다. 학급의 모습을 면밀히 살펴보면, 비장애 학생들이 장애 학생들을 대하는 모습은 담임교사가 장애 학생들을 대하는 모습과 거의 비슷하다. 이건 '공부'와 상관없는 교사의 인성이자 인성교육이라 생각한다. 같은 아이지만 "재는 너무 힘들어"라고 생각하는 것보단 "쟤는 너무 착해"처럼 받아들이면 어떨까? 교사의 이런 마음가짐은 학생들을 대하는 태도를 좀 더 적극적으로 변화시킬 것이다. 장애 학생들을 향한 관심과 그것을 표현하는 한마디 한마디는 학생을 성장하게 하고 학교생활에 적응케 할 수 있다. 그뿐만 아니라 이러한 교사의 모습을 보고 비장애 학생들도 장애 학생들에게 관심을 보이고 그것을 표현하게 될 것이다. 교사가 변하면 학생들도 변한다. 담임교사가 보이는 관심의 표현은 비장애 학생들이 장애 학생들에게 보이는 관심의 표현과 연결된다. 담임교사가 장애 학생들을 대하는 모습으로 비장애 학생들이 장애 학생들을 대하기 때문이다. 이렇듯 교사는 학생들의 거울이다.

그럼에도 통합교육이 필요한 이유

일반학교에 다니는 장애 학생들의 반은 특수학급이 아니다. 비장애 학생들과 함께 원적학급이라 불리는 일반학급에서 학급의 구성원으로 지낸다. 특수학급은 아이들에게 필요한 별도의 교육을 지원하고, 통합 환경 속에서 잘 지낼 수 있도록 계획하고 실행한다. 성적이 중요해지는 고등학교에 다다르면 일반학급의 수업 내용은 점점 이해하기 어려워져서 참여가 어렵고, 특수학급의 수업은 그나마 아이들의 수준에 맞게 진행되다 보니 아이들이 잘 참여하게 된다. 이는 통합 환경 속에서의 분리교육이 이루어지는 모습일 수 있지만, 특수학급 수업을 통해 아이들은 자신에게 맞는 공부를 하고 진로를 고민한다. 각자 자신에게 맞는 진로를 결정하고 준비해나가는 것이다. 따지고 보면 사실 중학교와 고등학교는 자신의 특성을 이해하고 다양한 가능성을 탐색하면서 진로를 결정하고, 그 결정에 맞게 미래를 준비하는 과정이다. 대부분의 비장애 학생들이 그 진로를 '진학'으로 결정하고 공부를 해나가는 것이고, 장애 학생들은 진학뿐만 아니라 '취업'이라는 진로를 결정하는 경우가 많다 보니 분리되어 보이는 특수학급에서 다양한 공부를 하는 것이다.

그렇다면 학교에서의 생활이 이러한데도 통합교육은 필요한 것일까? 그럼에도 통합교육이 필요하고 실행되어야 한다면 그 이유는 무엇일까? 일반적으로 통합교육을 통해 장애 학생들은 비장애 학생들과 함께 생활하고 소통하면서 사회적 기술을 익히고 다양한 사회적 상황에 적응하는 능력을 키운다. 또한 일반교육과정에 참여해 또래와의 상호작용 경험과 모방을 통해 학습 기회 확대와 잠재력을 키울 수 있다. 비장애 학생들은 다양성을 이해하고 존중하는 태도를 배우며,

상대에 대한 공감 능력을 키울 수 있다. 이러한 과정을 통해 학교 문화는 공동체의 포용성을 높이고 차별 없는 사회를 만드는 데 기여하게 되며, 장애 학생과 비장애 학생은 서로를 인정하며 긍정적 관계 속에서 함께 배우고 성장하게 된다.

하지만 무엇보다 통합교육이 필요한 이유는 바로 서로에 대한 이해와 수용이라 생각한다. 익숙한 것과 익숙하지 않은 것은 분명 차이가 있다. 우리가 살면서 처음 만난 사람보다는 같은 동네에서 이리저리 여러 번 마주쳤던 사람이 더 편하고 익숙한 법이다. 열악한 통합 환경 속에서도 우리는 서로에게 익숙해져가는 시간과 경험을 갖는다. 그 과정에서 우리는 서로를 이해하고 수용할 것이고, '장애'로 인해 생겨나는 문제를 겪을 것이다. 문제를 함께 해결하기 위해 노력할 것이고, 그 노력의 결과를 경험하게 될 것이다. 성인이 되어서도 같은 지역사회에서 함께 살아갈 아이들은 서로에게 익숙해질 것이다. 이 익숙함은 장애의 유무와 상관없이 사회통합이 이루어지는 데 중요한 거름이 되리라 확신한다.

우리는 통합교육을 통해 같은 공간에서 함께 공부하고 고민하고 시간을 보내며 서로에게 익숙해져야 한다. 그래서 통합교육이 필요하고 존재하는 것이다. 우리는 서로 다르지만, 언제 어디서나 서로에게 익숙한 존재여야 한다.

7

천천히 해도
괜찮아

천천히 해도

영호의 이야기

"천천히 해도 괜찮아. 천천히 해도 괜찮으니까, 네가 하고 자 하는 목표를 잡고 천천히 하다 보면 다 할 수 있어. 그러 니까 너무 서두르거나 두려워하지 마."

고등학교 졸업을 앞둔 영호는 자신에게 이런 말을 해주고 싶다고 했다. 늘 착실하고 이타적인 영호는 함께 진로를 고 민하다 사회복지사가 되기로 마음먹었다.

영호와 난 고등학교 2학년 때 교사와 학생으로 만났다. 3학 년의 끝자락에서, 지나온 고등학교 시절을 한마디로 표현하 자면 어떻게 표현하고 싶은지 물어보았다.

"산 넘어 산?"이라고 답한 영호는 그 이유를 이렇게 답했다.

"뭐 하나 끝나면 너무 큰일이 또 다가오니까요. 특히나 학업적으로 그렇죠. 시험이랑 수행평가 끝나면 또 뭐 큰, 그러니까 또 다른 시험이나 평가들이 있으니까." 모든 일에 착실했던 영호에게 학업 스트레스가 꽤나 컸던 모양이다. 특수학급의 다른 아이들과 다르게 시험 기간이 다가오면 착실히 시험공부를 해오던 아이였다. 인문계고등학교 수업이 특수학급 아이들에게 굉장히 어려울 수밖에 없었지만, 영호는 포기하지 않고 무엇이든 열심히 준비했다. 불만족스러운 결과에 자주 스스로에게 실망하기는 했었지만 말이다. 그래서였는지 학교를 다니면서 제일 기억하기 싫었던 선생님도 학업 스트레스와 관련된 분이었다.

"학교 다니면서 제일 기억나는 선생님 있어?"

"기억나는 선생님이라기보다는, 엄청 싫었던 선생님이 있었어요. 2학년 때 수학 선생님."

"그 선생님이 왜 그렇게 싫었어?"

"왜 싫었냐고요? 진짜 수학 수업만 해서 공감 되게 못하는 그런 선생님인데…. 문제 푸는 시간이었는데 저한테 뭘 풀어보라고 했거든요. 근데 제가 그게 어쩌어쩌해서 잘 못한다 했으면 다른 선생님 같으면 다른 학생을 시킬 법도 한데 끝까지 저한테 시키려고 하니까요. 그래서 솔직히 그때 그 시간만 되면…." 영호는 그래서였는지 수학 시간만 되면 일반학급에 올라가지 않으면 안 되냐고 물어봤었다. 그럴 때마다 안 된다고 할 수 없어서 한 달에 한 번 정도는 진로 상담을 하며 그 시간을 나와 함께했었다. 영호가 특수학급 학생이었다는 것을 분명 알았을 텐데, 왜 모른다고 한 문제를 계속해서 풀라고 강요했는지는 아직도 의문이다.

"그럼 반대로 좋았던 선생님도 있었어?"

"네. 있었는데…. 그 수업 자체는 이해를 못 하겠는데 그냥 그 선생님이 좋아서, 선생님 보려고 그 수업 들으러 올라갔었어요."

"아! 그 영어 선생님?" 나는 영호가 이야기를 꺼내는 순간 이미 알고 있었다. 당시 거의 모든 학생이 좋아하는, 아이들에게 친절하고 어여쁘기까지 한 영어 선생님을 영호도 좋아했었다. 특수학급의 몇몇 학생이 어려운 영어책을 꺼내들고 스스로 공부도 할 때였다. 부끄러웠는지 모른 척하는 영호였지만, 그 선생님의 수업이 특수학급 수업과 겹치지 않도록 꼭 부탁했던 아이였다. 나는 '우리 아이들에게 학업이 그렇게 중요한 것인가?'라는 고민을 늘 한다. 인문계고등학교의 학교생활이 학업에 치중되어 있긴 하지만, 이러한 상황을 특수학급 아이들에게까지 일반화하고 싶지는 않다. 아이에게, 특히나 특수학급 아이들에게는 학업을 강요하기보다는 스스로 학업에 흥미를 갖고 따라올 수 있도록 교사가 바뀌어야 한다. 모든 아이를 배제하지 않고 관심을 품고 친절함으로 대해준다면, 우리 아이들도 일반학급 수업에 흥미를 갖고 참여할 수 있지 않을까. 물론 성적과는 상관없이 말이다.

우리가 생각하면 더 발전하고
성장할 수 있는 거니까
하준이는 나를 성장하게 만든다고 생각해요

영호의 학창시절에서 친구에 대한 생각을 듣고 싶었다. 고등학교 시절 제일 친하고 괜찮았던 친구에 대해 물었더니 이렇게 대답했다.

"대부분의 아이가 괜찮았지만… 딱히 그렇게 친구에 대해 신경 쓰지 않았어요. 뭐 잘해준 것도, 못해준 것도 없고 다 그냥 그렇게 시간 따라 흘러가는 느낌이었어요." 특수학급의 아이들이 일반학급에 가서 수업을 받으며 학교생활을 하는 동안 우리가 생각하는 그런 진짜 친구 같은 관계는 사실 찾아보기 힘들다.

"그럼 특수학급 친구들은 어땠어?"

"하준이요. 하준이가 제일 친하고 좋아요." 하준이는 영호와 친하게 지내고 있는 특수학급 친구다. 하교 후나 주말에도 자주 만나서 시간을 보내고, 쉬는 날 둘이서 함께 나를 찾아오기도 한다.

"그럼 하준이는 너에게 어떤 친구야?"

"한편으로는 여러 가지를 신경 써줘야 하는 친구지만, 어느 한편으로 생각하면 제가 여러 가지 신경을 쓴다는 건 상대방의 입장에서 생각을 하게 하는 거니까요. 우리가 생각하면 더 발전하고 성장할 수 있는 거니까 되게 좋은 친구, 하준이는 나를 성장하게 만든다고 생각해요."

영호는 늘 상대방을 이해하고 배려하려고 노력한다. 늘 누군가를 도우려고 하고 그 생각이 몸에 배어 있다. 하준이에 대한 영호의 생각만큼, 영호에 대한 하준이의 생각도 궁금해 한번은 물어본 적이 있다. 하준이는 영호를 "힘든 걸 다 도와주고 이해도 잘해주는 친구. 그래서 같이 있으면 기분이 좋아지는 친구"라고 했다. 많은 사람이 통합교육 환경에서 중요시하는 것이 '친구'다. 그런데 이 친구의 기준이 꼭 특수학급 아이의 비장애 친구여야 할까? 특수학급 내에서의 친구 관계도 굉장히 중요하다. 아니 어쩌면 일반학급의 친구보다 특수학급 내에서의 친구가 인생에서 더 중요하다고 본다.

친구란 가까이 오래 둔 사이, 서로 비슷한 생각과 비슷한 환경에서 공통된 점이 많은 사이다. 생각해보면 학창시절 친하게 지내던 친구들보다 사회에서 만나 비슷한 일과 취미를 가진 사람과 더 가까이 지내기 마련이다. 비장애 아이들 중에 고등학교를 졸업하고 특수학급 친구와 수시로 연락하며 서로를 챙기는 아이는 과연 얼마나 될까? 졸업 후 비슷한 환경에서 일을 하며 살아가고 서로를 잘 이해하며 보듬을 수 있는 친구는 어쩌면 특수학급의 친구일지도 모른다. 사회통합이 목표인 통합교육의 취지에서 보았을 때 일반학급 친구들도 중요할 수 있지만, 어쩌면 그보다 더 중요한 특수학급의 진짜 친구를 놓치지 말아야 한다.

반면에 특수학급 내의 친구 관계에서 발생하는 스트레스도 있다. 영호는 스스로 학교생활을 충분히 해내는 아이여서 같은 반에 있던 특수학급 친구인 현수를 늘 챙겨야 했다. 일반학급 담임선생님이 좋은 친구(특수학급 학생의 학교 적응과 학교생활을 지원하기 위해 일반학급의 학생을 좋은 친구로 정해주는 제도)가 아닌 영호에게 현수를 늘 챙기라고 했다. 상대방을 잘 챙기는 영호지만, 자신도 때로는 도움이 필요한 상황에서 계속해서 도움을 주라는 요청을 받다 보니 스트레스가 있었던 모양이다.

"2학년 때 현수를 1년 내내 다 챙겨야 했던 거요. 원래 현수를 도와줘야 하는 '좋은 친구'가 학업으로 바쁘니까 그렇다고 치는데, 담임선생님이 좀 더 신경을 써줬으면 했어요." 영호가 이렇게 말은 했지만 1년 내내 현수를 잘 챙기고 지원했다. 대신 3학년 반 편성 때는 둘을 다른 반으로 배치했다. 그리고 현수를 지원하면서 그렇게 스트레스를 받았다고 했지만, 대학 입학을 앞둔 지금도 대학교에 가면 자신이 도와줄 수 있는 친구들이 있을까 하는 고민을 하고 있다.

어려운 사람들이 스스로 못하는 거를 스스로 하고, 할 수 있게끔 만드는 사람이 되고 싶어요

학교에서 수업으로 해줬으면 하는 게 무엇이 있는지, 학업에 충실했던 영호의 생각이 궁금했다. 열심히 수업을 듣던 영호에게서 뜻밖의 재미난 대답을 들었다.

"부모님 몰래 게임에다가 현질할 수 있는 방법이요." 고등학생다운 대답이었는데, 그 나이답지 않고 어른스러운 영호에게 들어서 그랬는지 뜻밖이었다. 영호는 계속해서 생각을

이어갔다.

"그리고 하나 더 있어요. 자기한테 어울리는 옷이나 코디하는 방법, 그런 거를 가르쳐주는 수업이 있으면 좋겠어요. 아니면 계속 앉아서 글로 공부하는 그런 거 말고 직접 몸으로 체험하면서 배우는 수업이요."

"그럼 특수학급에서 해줬으면 하는 수업은?"

"뭔가 가르쳐줬으면 하는 것보다는 안 했으면 하는 게 있어요. 수학 좀 안 했으면 좋겠어요. 실생활에서 쓰인다고 하긴 하는데 제가 살면서 실생활에서 수학 써본 적이 진짜 없어요. 진짜 사칙연산 말고 없거든요. 그거 말고 그냥 몸으로 익힐 수 있는 거를 하면 좋겠는데, 결과물이 바로 보이는 그런 수업이 있잖아요. 예를 들면 요리 같은 거요."

"실생활에 딱 쓰일 수 있는 그런 것들을 원하는 거지?"

"그런 거라든지 아니면 그냥 취미 생활로 할 수 있는 것들도 좋고요."

영호의 이야기를 듣고 보니 나는 늘 아이들에게 필요한 내용으로 수업을 한다고 생각했는데, 정작 아이들에게 어떤 수업을 듣고 싶은지 물어본 적이 적었다. 아이들의 삶에 실질적으로 도움이 되는 활동이 무엇인지 좀 더 물어보고 경청하며 수업에 대한 고민의 과정을 이어나가는 일이 필요할 것 같다.

그리고 졸업을 앞둔 영호에게 앞으로 계속 고등학교 생활을 해나갈 후배들에게 해주고 싶은 말이 있는지 물었다.

"힘들면 포기해도 된다. 포기하는 대신에 다른 대체할 거를 찾은 뒤에 포기해라. 대체할 게 없는데 포기하면 그냥 아무것도 못 하니까. 그리고 꼭 공부가 아니어도 되니까 춤이라든가 그런 걸 찾으면 분명 네가 빛을 발할 수 있을 거야."

학업에 충실하던 영호는 긴 시간이 흐르고 나서 꼭 공부가 전부임이 아님을 후배들에게 이야기하고 싶었나 보다. 자신이 겪어온 고민과 갈등, 어려움을 후배들은 덜 겪을 수 있길 바라는 마음으로 담담히 이야기하는 영호가 멋져 보였다.

영호는 이미 어른스럽지만, 어른이 되면 무엇이 하고 싶은지 물어보았다.

"제가 번 돈을 계획적으로 쓰긴 하되 원하는 거에 그냥 다 써보고 싶어요."

"돈을 자유롭게 쓰고 싶은 거구나. 돈 벌어서 어디에 제일 쓰고 싶어?"

"지금 당장은 옷 같은 거, 아니면 게임 좋아하니까 게임에서 돈을 왕창 쓰고 싶은데 돈을 벌기 시작하면 계획적으로 써야 하니까 아직 잘 모르겠어요." 돈을 원하는 대로 써보고 싶기도 하지만, 계획적으로 소비해야 함을 알기에 망설이는 듯했다.

"그럼 독립은 하고 싶어? 한다면 언제쯤 하고 싶어?"

"독립을 엄청 하고 싶다는 그런 생각은 없는데, 그래도 혼자 살면 뭔가 안 했던 거를 다 할 수 있으니까 한번 해보고 싶어요."

"안 했던 거 할 수 있는 그게 뭐야?"

"밥하거나 빨래하거나 그런 거를 엄마가 다 하니까, 독립하면 혼자 그런 걸 해야 하잖아요. 그런 거를 해볼 수 있는 기회가 제게 생기는 거니까 독립을 해보고 싶긴 해요." 보통은 밥, 빨래 같은 것을 하기 싫어서 독립을 꺼리는데 이런 일들을 할 수 있다는 것 자체가 영호는 기대되나 보다.

"영호의 꿈은 뭐야?"

"사회복지사요. 사회복지사가 돼서 여러 가지 일을 하고 싶어요. 특히 어려운 사람들이 스스로 못하는 거를 스스로 하고, 할 수 있게끔 만드는 사람이 되고 싶어요. 처음에는 할 수 있게 도와주지만, 결국은 저의 도움 없이 스스로 할 수 있게 해주는 사람이 되고 싶어요."

영호는 이타적 성향으로, 늘 상대방을 먼저 생각하고 도우려 노력한다. 이러한 성향에 맞는 사회복지사의 일을 하면 어떨까 함께 고민해보았다. 마침 여러 대학에 특수교육 대상 학생이 갈 수 있는 사회복지학과가 생겨났고, 학업에 진심인 영호에게 대학 생활을 통한 사회복지사의 꿈을 키워보길 권했다. 영호의 대학 진학을 위해 여러 봉사활동의 기회를 제공했고, 학교에 건의해 영호가 학교장으로부터 봉사상도 받게 되었다. 학교를 다니는 동안 사회복지와 관련된 책들을 두루 읽기도 했다. 현재 다행히도 지원한 여러 대학의 사회복지학과에 합격해 자신이 가장 가고 싶어 했던 대학에 입학 등록을 마친 상태다. 영호의 선한 마음과 지원으로 인해 여러 사람이 스스로 할 수 있는 능력과 그러한 사회적 환경이 갖춰지게 되길 바라본다.

누구나 목표가 있다면
뭐든지 할 수 있다고 생각해요

"제가 스스로 답을 내릴 수 있을 때까지 조금 기다렸다가 말해주셨으면 좋겠어요. 그러니까 제가 생각해서 말하는 게 최선의 방법이 아닐지언정 어쨌든 그거를 말할 때까지 기다려줬으면 좋겠어요. 조금만 기다려주세요." 부모님을 향한 영호의 마음은 이랬다. 어떤 일이 있을 때, 여러 가지 방법을 제시해주는 건 고마운 일이지만 본인의 생각을 먼저 들어주길 바랐다. 자신들의 의견이 영호 본인의 의견보다 나을 거라는 부모님의 생각이 싫었다.

"물론 엄마, 아빠의 의견이 좋은 방법이기도 하지만 어쨌든 내 일이니까 고민을 하는 거잖아요. 그러니까 내가 생각한 의견을 먼저 존중해주고, 그다음 엄마, 아빠가 고민한 거를 더해서 생각해줬으면 좋겠어요."

"그렇구나. 그러면 엄마, 아빠가 너한테 강제로 무언가 하라고 한 적도 있었나 봐? 그럴 땐 마음이 불편하고 그래?"

"조금씩 그러긴 하죠. 하기 싫은 걸 하라고 할 땐 싫어요."

"그럴 땐 어떻게 해? 그래도 시키는 대로 하지 않아?"

"근데 그게 어찌 됐든 엄마, 아빠는 내가 잘되길 바라고 말씀하시는 거니까…. 그렇게 시키는 대로 할 때는 엄청 싫었는데 하고 나니까 괜찮을 때도 많았어요. 물론 어질러진 것도 있지만요. 엄마, 아빠가 그렇게 말하는 게 저를 위해서 하는 거는 아는데, 엄마, 아빠의 입장이 있고 내 입장도 있으니까 하기 싫은 게 더 많아요, 사실. 엄마, 아빠가 말하는 것 중에는요."

어쩌면 우리 교사들이 흔히 쉽게 저지르는 실수 중에 하나가 '내가 생각하는 것이 최선'이라는 생각이다. 특히나 우

리 아이들을 대할 때 판단력이 부족하다 생각해 교사가 전
적으로 대신 판단하고 결정하는 경우가 있다. '내가 생각하
고 결정하는 것이 과연 아이에게 최선인가?'라는 물음을 늘
가져야 한다. 그리고 언제든, 궁금하면 아이에게 먼저 묻고
듣는 태도를 가져야 한다. 끝으로 자신에게 해주고 싶은 말
이 있는지 물어보았다.

"천천히 해도 괜찮아. 천천히 해도 괜찮으니까, 네가 하고
자 하는 목표를 잡고 천천히 하다 보면 다 할 수 있어. 그러
니까 너무 서두르거나 두려워하지 마."

"천천히 해도 다 할 수 있다 이거지?"

"네. 누구나 목표가 있다면 뭐든지 할 수 있다고 생각해
요. 저도 꼭 사회복지사가 될 거예요."

영호와 시 수업을 1년 동안 한 적이 있다. 겨울이 끝나갈
즈음 영호는 스스로 시를 쓰기 시작했는데, 이런 시를 쓴 적
이 있다.

미래의 나

지금껏 살아온 삶을 되돌아보며

더 나은 삶을 살 수 있었는지

잘못한 건 깨닫고 되풀이하지 않았는지
미래의 나를 보네.

배움을 통해 지식만 배웠는지
깨달음도 깨달았는지
배운 것을 잊진 않았는지
잊지 않기 위해 노력했는지

힘든 사람을 생각했는지
그 생각으로 행동에 임했는지
뜻대로 되지 않았다면
다른 방법을 썼는지, 멈춰 섰는지

이렇게 하나씩 하나씩 배워가며
어제보다 나은 자신이 되었는지
지금의 나를 보고 있네.

시처럼, 어제보다 더 나은 영호가 되어 미래에 멋진 사회
복지사가 되기를 바라본다.

각자의 목적지에 잘 도착할 수 있도록

영호는 사회복지학과 3학년이 되었고, 우리는 자주 연락하며 고민을 주고받고 있다. 친구들과 어떻게 이야기를 잘 나눌 수 있는지, 함께 밥을 먹고 싶은데 뭐라고 말을 걸어야 할지, 마음에 드는 이성이 있는데 어찌해야 할지 고민 끝에 해답을 찾지 못할 땐 늘 나를 찾는다.

영호는 영호답게 성실히 학교생활을 하며 공부해오고 있다. 하지만 생각만큼, 노력만큼의 성적이 나오지 않아 실망도 했고, 그럴 때마다 사회복지사에 대한 꿈을 접으려 했다. 그러기를 반복하며 2년의 시간이 흘렀고, 3학년이 된 영호는 이제 졸업 후 어떤 일을 하며 지낼지, 어떤 사회복지사가 되어 다른 누군가를 도울지 고민하고 있다.

영호처럼 고등학교를 졸업하고 대학에 진학하는 학생들이 많아지고 있다. 이미 많은 발달장애 학생들이 대학 생활을 하고 있으며, 고등학교까지라고 여겼던 통합교육도 이제 대학교까지 확대되었다고 할 수 있다. 많은 대학이 발달장애 신입생들을 받아들이기 시작했지만, 그들이 학교에서 잘 적응하고 지낼 수 있도록 충분한 준비를 하고 있지는 않다. 동일한 출발선이 아닌, 모두가 도착지에 잘 도착할 수 있는 그런 지원이 필요할 때다.

대학에 가는 발달장애인

통합교육의 경험이 있는 사람이라면, 학교에서 지적장애가 있는 친구와 자폐성장애가 있는 친구를 한 번쯤은 만났을 것이다. 지적장애와 자폐성장애를 '발달장애'라고 하는데, 이 학생들은 장애 특성상 학습에 어려움이 있어 보인다. 그래서 많은 사람은 장애가 있는 학생들, 특히나 발달장애 학생들이 대학에 진학하는 것 자체가 어려운 일이라 생각한다. 이러한 상황에서 '장애인에게 대학교육이 필요한가?'라는 질문을 받는다면 대다수는 공부를 하기 위해 가는 대학에 학습에 어려움이 있는 발달장애인은 갈 필요가 없다고 여긴다. 하지만 이는 장애에 대한 편견이 전제된 질문과 대답이라 할 수 있다. 우선 이 질문은 '필요하지 않다'라는 의미를 포함하고 있는 질문이다. 대학 진학률이 매우 높은 우리나라에서 이 질문은 장애에 대한 편견에서 비롯하며, 이미 우리나라도 5~6년 전부터 발달장애 학생들이 대학에 많이 진학하고 있다. 그래서 이 잘못된 질문은 '필요하다'와 '필요하지 않다'가 아닌, '장애인에게 대학교육을 어떻게 지원해야 할 것인가?'라고 바뀌어야 한다.

발달장애 학생이 대학 진학을 희망하고 실제로 대학에 다니는 것은 더 이상 새롭거나 놀라운 일이 아니다. 우리나라 고등학교 졸업생의 대학 진학률은 70퍼센트를 넘어섰고, 특수교육 대상자의 약 20퍼센트도 대학에 진학하고 있다.[14] 이 20퍼센트의 특수교육 대상 학생 중에 발달장애 학생은 지체·뇌병변장애 학생에 이어 두 번째로 많은 비중을 차지하고 있다.[15] 이미 통합교육은 고등학교가 그 끝이 아니라 대학교까지 이어지고 있는 현실이다.

발달장애 아이들은 어떻게 대학에 가기 시작했을까? 먼저, 본인이 대학 진학을 희망해 대학에 가기 시작했다. 특히나 통합교육 환경에 있는 아이들은 주변 친구들의 행동과 생각을 모방하며 성장하기도 하는데, 그중 진로 고민과 결정에 대한 모방도 있어왔다. 인문계고등학교의 경우 발달장애 학생은 일반학급의 거의 모든 학생이 대학 진학을 진로로 선택하고 대학에 대한 이야기를 많이 나누면서 공부하는 모습을 보게 된다. 자연스레 대학을 향한 관심이 높아지고 대학에 가고자 하는 학생들도 생겨난다. 특성화고등학교도 이미 대학 진학률이 50퍼센트가 넘어섰다.[16]

그다음으로 대학 진학에 대한 가족의 지지와 지원이 있었다. 불과 몇 년 전까지만 해도 부모들은 발달장애인 자녀의 대학 진학에 부정적인 의견이 많았다. 전공을 선택하고 공부해야 하는 대학으로 학습에 어려움이 있는 자녀를 보내는 것이 바른 선택이라 여기지 않았기 때문이다. 하지만 발달장애 학생에게 대학의 의미가 비단 학습에만 있음이 아니라는 것을 알게 되었고, 자신의 진로를 스스로 결정한 자녀의 선택에 대한 존중의 마음으로 대학 진학을 지지하고 지원하기 시작했다. 그리고 결정적으로 우리나라의 출생률이 현저히 감소하면서 학생 수가 줄어 대학에 갈 인구가 감소했다. 이로 인해 대학은 학생 유치가 어려워지고, 특히나 서울이 아닌 타 지역의 대학들은 통폐합이 결정되면서 한 명의 학생이라도 더 유치하기 위해 대학의 문을 더 넓게 열었다. 이러한 상황에서 발달장애 학생은 발달장애인을 위해 특화된 대학과 학과뿐만 아니라 일반대학의 일반학과에도 많이 진학할 수 있게 됐다.

그렇다면 발달장애 학생들은 어떤 대학을 다니고 있을까? 우선 발달장애 학생을 위해 만들어진 대학과 학과가 있다. 말 그대로 발달장애 학생을 위한 대학 과정으로, 대학 전체 또는 대학 안의 일부 학과들이 발달장애 학생을 공식적으로 선발해 특성화교육을 운영하는 형태다. 대학 및 대학의 학과, 대학 부설의 평생교육 프로그램, 대안대학의 형태로 운영되며, 졸업 후에 학사학위가 주어지는 인가대학과 학사학위가 주어지지 않는 비인가대학이 있다. 안산대학교 에이블자립학과, 나사렛대학교 재활자립학부, 강동대학교 사회복지학과, 대구대학교 특수창의융합학과, 호산나대학교 등 많은 대학과 대학의 학과들이 생겨나고 있다. 이는 발달장애 학생들이 대학 진학을 선택하고 준비하는 경우가 많아지고 있음을 나타내는 현상으로, 지방의 어떤 대학은 학과가 생겨난 지 3년째 되던 해에 입학정원을 20명에서 30명으로 증원했음에도 86명이 지원해 충원 대기자가 50명이 넘었다고 한다.

앞서 언급했듯 일반대학의 일반학과에도 많이 진학하고 있다. 기존에 학생 유치가 제법 잘되던 수도권의 많은 대학도 유치의 어려움을 겪으며 이를 해결하기 위한 하나의 방법으로 발달장애 학생들을 받아들이고 있고, 이에 장애인 특별전형 등으로 대학에 입학하고 있다. 이러한 일반대학 일반학과에 진학하고 있는 발달장애 학생들 중 약 33퍼센트가 가족·사회·복지학에 재학 중이다. 그 뒤로 음악 관련 학과에 약 10퍼센트가, 무용·체육 관련 학과에 약 5퍼센트의 발달장애 학생이 재학 중이다. 이 외에도 복지관 내 대학 프로그램도 많이 생겨나고 있다.

이처럼 전국에는 발달장애 학생들이 다닐 수 있는 많은 대학과 대학의 학과, 대학 형태의 프로그램이 생겨나고 있다. 모두가 서울대를 갈 수는 없다. 대학 진학을 원한다면 다행히 갈 곳이 많고, 점점 늘어나고 있으니 아이에게 맞는 대학을 선택하고 준비해 그곳에서 나름의 대학 생활을 할 수 있도록 지원하면 된다.

당사자의 선택을 존중하고 지원하기

대학 진학에 대한 선택은 누가 결정해야 할까? 대학을 갈지 말지 선택하는 것은 당사자의 몫이며, 당사자가 대학을 가고자 한다면 우리는 당사자가 입학해서 대학 생활을 잘할 수 있도록 지원하면 된다. 대학을 가고 싶었던 한 제자는, 대학에 합격했지만 아버지의 반대로 끝내 가지 못했다. 그 아이는 졸업 후 바로 취업을 했고, 몇 번의 이직을 거쳐 현재 좋은 기업에서 정규직으로 지내고 있다. 가끔씩 연락을 주고받는 그 아이는 지금도 대학에 가고 싶어 한다. 반면에 대학에 너무나 가고 싶었던 한 제자는 본인이 원하는 사회복지학과에 가게 되었다. 하지만 자신이 생각하던 대학 생활과 거리가 멀었던지, 몇 달 후에 그만두고 취업을 했다. 그리고 그 후로는 대학 생활에 미련을 두지 않고 현재의 삶에 만족하며 산다. 결국 자신이 선택하고 자신이 경험해야만 한다. 이건 장애의 유무를 떠나 모든 사람에게 해당하는 것이다.

여기에서 부모와 교사, 주변 사람들의 역할을 고민해봐야 한다. 당사자의 삶에 연관되는 모든 사람을 '지원인'이라고 할 때, 지원인은 당사자가 선택한 것에 대해 가치판단 하지 않는 태도를 지녀야 한다. 다시 말해 당사자가 어떠한 것을 결정했을 때 지원인은 먼저 "예스"라고 말하고, 그 결정을 이룰 수 있도록 함께 길을 찾아야 한다는 것이다. 당사자가 장애가 있다고 해서 지원인이 그 당사자의 선택이 실현 가능한지 아닌지 섣불리 의견을 내서는 안 된다. 예를 들어 "저는 대학에 가고 싶어요"라는 선택을 했을 때 "네가 무슨 대학을 가니? 넌 대학에 갈 수 없어"가 아니라 "그래, 좋아. 그럼 대학에 가볼까?"라고 이야기하고 대학에 갈 수 있게 지원해줘야 한다.

어느 날 학생에게 졸업하고 무엇을 하고 싶냐고 물었더니 "저는 서울대에 꼭 갈 거예요"라고 했다. 당연히 어렵다고 판단되었지만 나는 "그래, 그럼 서울대 한번 가볼까?"라고 답했다. 며칠 뒤 나는 그 아이와 실제로 서울대학교에 갔다. 학교 주변을 보여주며 함께 살피고 나니 아이는 서울대학교에 가고 싶은 마음이 더 커졌다. 그 후 한 번씩 내 자리로 불러 서울대학교에 입학하는 방법, 서울대학교 합격 후기 등을 함께 찾아보며 대화를 나누었는데 대부분이 수능 만점, 내신 1등급 같은 이야기였다. 며칠을 고민하던 아이는 나에게 "선생님, 제 실력으론 서울대를 못 갈 것 같아요"라고 했고, 그제서야 나는 "그래, 그럼 왜 대학에 가고 싶어?"라고 물었다. 아이는 하고 싶은 공부가 있어 꼭 서울대학교에 가고 싶었다고 했다. 하고 싶은 공부를 할 수 있는 대학이라면 꼭 서울대학교가 아니어도 되냐는 물음에 그렇다고 했다. 그래서 아이가 하고 싶은 공부를 할 수 있고 합격할 수 있을 법한 다른 대학을 함께 알아보았고, 그 대학에 가기 위해 관련 전공서적을 찾아 읽고 면접을 준비하여 합격할 수 있었다.

이러한 과정은 당사자가 스스로 결정을 하고, 그 결정에 대한 성공과 실패의 경험을 쌓아가는 소중한 시간이다. 이 과정을 통해 당사자는 자신의 능력에 맞는, 성공 가능한 선택들을 할 수 있는 힘이 생겨나고 이는 후에 취업과 독립생활에 도움이 된다. 아침에 일찍 일어나 밥을 먹고 출근할지 아니면 늦잠을 자고 바로 출근할지, 회사에 도착해서 어떤 순서로 일을 할지, 점심은 누구와 무엇을 먹을지. 사소해 보이지만 이 모든 것은 스스로 선택하는 과정들이다. 생각해 보면 당사자뿐만 아니라 모든 사람은 이러한 과정들을 거쳐 자신의 삶을 스스로 선택하며 살아가고 있는 것이다. 우리는 당사자의 주변 사람, 지원인의 한 명으로서 그들의 선택과 결정을 존중하고 지원해야 한다. 물론 그들 또한 우리의 주변 사람, 지원인으로서 서로의 선택과 결정을 존중하고 지원해야 한다.

발달장애인을 위한 대학의 역할

하지만 발달장애 학생들의 대학 진학이 급격하게 증가하는 과정에서 생겨난 대학들의 한계도 분명하게 나타나고 있다. 일반대학의 일반학과는 학생 유치를 위해 당사자의 입학을 허용했지만, 입학 이후에 이렇다 할 지원이 없다. 기존의 학교 담당자는 시각·청각·지체장애 학생의 지원을 주로 해왔기에 발달장애에 대한 이해가 낮은 편이다. 그렇다 보니 발달장애 학생의 특성에 맞는 지원이 잘 이루어지고 있지 않다.

예를 들면, 글씨를 쓰는 데 어려움이 있는 지체장애인에게 평가에서 추가 시간을 주기도 하는데, 이를 발달장애인에게도 편의 제공이라며 지원하고 있다. 발달장애 학생은 학업 수행에 어려움이 있다 보니 성실히 수업에 참여하더라도 비장애 학생들과 동일한 수업 내용이 제공되면 습득이 어렵다. 평가에서의 추가 시간 제공이 아닌, 발달장애 학생에게 맞는 수업 내용의 수정이 필요한 것이다.

그리고 가장 큰 한계는 바로 전공을 살린 취업이 어렵다는 것이다. 예를 들어 발달장애 학생이 일반대학의 사회복지학과를 졸업해도 사회복지사로 실제 취업하는 경우는 찾아보기 힘들다. 발달장애 학생을 위해 만들어진 사회복지학과에서도 당사자가 사회복지사로 취업한 경우를 찾기 힘들다. 물론 발달장애 학생들에게 대학이 학업보다는 대인관계와 대학 생활 경험, 새로운 진로의 모색과 사회성 증진 등을 위해 필요하다고 보는 입장도 있다. 그러나 전공을 살려 취업할 수 없음은 대학의 역할에 대해 다시금 고민해봐야 할 점이다.

발달장애인에게 대학 입학이 '새로운 시작'이 아닌 '또 다른 어려움의 시작'이 되고 있다. 장애 특성에 맞는 학습 지원과 실질적인 진로 연계가 이루어질 때 비로소 진정한 대학 교육의 가치가 완성될 수 있기에 대학은 물리적 개방을 넘어 이들이 전공 역량을 펼칠 수 있도록 포용적인 교육과정을 개발하고 운영해야 한다. 발달장애가 있는 청년들도 전공을 살려 꿈을 이룰 수 있도록 우리 사회의 제도적 개선과 인식 변화도 함께 이루어져야 할 때다. 이들의 배움이 단지 '졸업장'이라는 종이 한 장에 머물지 않고, 당당한 사회적 자립으로 이어지는 마중물이 되기를 바란다.

8

집이라는
테두리를 넘어서

집이라는

정은의 이야기

정애 씨는 요즘 걱정이 많다. 열 손가락 깨물어 안 아픈 손가락 없다지만 본인에게는 유독 '그래도 아픈 손가락'이 있기 때문이다. 그 손가락은 바로 동생 정은 씨. 환갑을 훌쩍 넘어버린 동생에 대한 걱정이 가득하다.

지체장애가 있는 동생 정은 씨는 부모님과 함께 지내다 몇 해 전 아버지가 돌아가셨고, 한동안 어머니와 단둘이 지냈다. 어머니의 나이가 아흔을 넘어가며 거동이 불편해지자 정은 씨가 어머니의 끼니를 챙기기 시작했다. 아흔이 넘은 어머니, 일흔이 넘은 정애 씨, 환갑이 지난 정은 씨. 이들의 이야기를 정애 씨와 그의 아들 창석 씨를 통해 만나보고자 한다.

왜 이모는
집 밖을 벗어나지 못하는가

"엄마, 이모는 왜 저래?" 갑작스러운 물음에 잠시 정적이 흘렀다. 정애 씨는 무거운 웃음을 지으며 이렇게 말했다.

"음, 이모 어릴 때 저기 감나무에서 떨어져서 그래."

정애 씨의 손가락 끝은 외갓집 마당 한쪽의 감나무를 가리키고 있었다.

"아… 나무가 너무 크고 높아서 그랬구나."

다섯 살, 어린 창석 씨의 눈에 비친 이모는 무릎으로 걷고, 발음이 어눌한 사람이었다. 아무렇지 않게 주변에서 봐오던 보통의 모습이 아니어서 이모를 볼 때마다 궁금했다고 한다. 다섯 살이었던 궁금증 많은 그때 엄마에게 무심코 던진 질문이었다. 그 질문이 얼마나 어리석고, 정애 씨의 마음을 아프게 했는지는 꽤 나중에야 알게 되었다.

그로부터 40년이 지난 지금도 창석 씨의 기억 속 이모의 모습은 늘 밝은 표정이었다. 비록 '집'이라는 테두리를 벗어나지는 못했지만, 창석 씨가 외갓집에 가서 "할머니"를 외치며 뛰어 들어가면 늘 먼저 거실 미닫이문을 드르륵 열며 맞이해주는 그 모습.

"아이고, 우리 조카 왔나" 하며, 어눌한 발음에 얼굴근육이 일그러졌지만 누구보다 먼저 창석 씨를 반기는 모습이었다.

반가운 마음에 거실을 한걸음에 뛰어오르며 이모 곁에 '쿵' 하고 방구들이 꺼져라 앉으면 이모는 다섯 살 작은 어린 창석 씨를 온전한 왼팔로 감싸안아주었다. 그렇지만 그게 다였다. 아쉽지만 이모와 함께 마당에 나갈 수 없었고, 함께 옆집에 가질 못했다. 이모 손을 잡고 추수가 끝난 논바닥을 같이 뛰어다니고 싶었지만 그럴 수 없었다. 그땐 그랬다. 모든 게 아쉬웠지만, 그냥 그렇게 40년이 지나버렸다.

한참이 지나고야 창석 씨는 이모가 왜 남들과는 다른 모습인지, 왜 집 안을 벗어나지 못하는지 알게 되었다. 40년 전 엄마 정애 씨에게 한 질문의 답은 틀린 답임을 알았고, 창석 씨의 질문도 '왜 이모는 집 밖을 벗어나지 못하는가?'로 바뀌었다. 이모가 집 밖으로 나가지 못하는 것은 이모의 장애로 인해 보행이 어려워서가 아니라 밖으로 나가기 위해 주변 사람들이 함께 노력하지 않았거나, 그렇게 집에만 있는 것이 당연하다고 여기는 생각 때문이었다. 그 누구도 이모에게 같이 나가자, 같이 해보자란 말을 쉽사리 입 밖으로 꺼내지 못했던 것이다. 이모는 그렇게 집이라는 테두리, 아니 집이라는 감옥에서 이것이 나의 운명이라 생각하며 60년이 넘는 시간을 살아왔다. 아니, 견뎌왔을 것이다. 그렇게 한평생을 집 안에서만 살아온 이모는 창석 씨에게 외갓집이었다. 아니, 외갓집의 거실이었다.

"야이야, 너희 이모 같은 사람들은 일찍 죽나?" 세월이 흐르고 어느 날 정애 씨는 창석 씨에게 이런 질문을 했다고 한다. 시간이 흘러 아버지, 어머니의 연세가 들어가며 동생에 대한 걱정이 생겨난 것이다. 다른 자식들은 결혼해 분가했지만, 정은 씨는 자연스레 집에 남아 아버지, 어머니와 살고 있었다. 정애 씨는 어쩌면 외갓집을 갈 때마다 동생 걱정을 하고 있었던 것이다. 그리고 혼자서 걱정하던 정애 씨가 어느 정도 세월이 흘러 세상을 이해할 만한 나이가 된 아들에게 물어본 것이었다. 나이 아흔이 되어가는 부모와 함께 살고 있는 예순을 바라보는 장애를 가진 딸. 그 딸을 동생으로 두고 있는 정애 씨는 늘 이게 걱정이었나 보다.

"아니, 안 그래 엄마. 요즘은 의술도 발달했고 다들 오래 사셔."

창석 씨의 대답은 정애 씨에게 걱정거리가 되었을까, 안도의 한숨이 되었을까. 장애가 있는 사람에게 인생이란 무엇일까. 그 인생을 수명으로 보았을 때 그 수명의 길이는 당사자의 삶과 주변의 사람들에게 어떤 의미가 있을까? 그날 이후 정애 씨는 그 질문을 다시는 하지 않았다고 한다.

어머니는 본인이 눈감는 날까지
딸을 품겠노라 하셨다
그게 가족이라 하셨다

아흔을 바라보던 아버지는 정은 씨를 몹시도 아꼈다고 한다. 정은 씨가 태어났던 시대는 농사일로 바빴던 시절이었고, 많은 사람이 장애가 있는 자식은 시설에 보내고 남은 가족이라도 어렵게 살아가던 때였지만 아버지는 그러지 않으셨다. 딸을 끝까지 본인의 품에서 키우고 보살피려 하셨다. 그렇게 세월이 흘러갔고, 이 세상도 좋아질 거란 바람은 이루어지지 않은 채 정은 씨는 계속해서 집에서만 살아갔다. 어쩌면 '집'이라는 시설에서 한평생을 함께 살아온 것처럼 보일 수 있겠지만, 아버지에겐 함께하는 것이 최선의 선택이었다. 꼿꼿하던 아버지의 등은 어느새 낫처럼 휘어졌지만 휘어진 본인의 품에서 정은 씨를 끝까지 품으려 하신 거다.

그러던 어느 날, 아버지는 정은 씨의 전부였던 그 작은 집 거실을 나서다 넘어지면서 크게 다치셨다. 이후로 계속된 병원 생활은 거실을 나설 수 없었던 정은 씨와의 이별을 가져왔고, 그날 그렇게 넘어지던 아버지의 모습이 마지막 '아빠'의 모습이 되고 말았다. 처음엔 금방 집으로 돌아올 줄 알았다고 한다. 어서 퇴원하고 집으로 돌아와 일상을 살아가는 모습을 떠올렸다고 한다. 하지만 생각보다 재활 기간이 길어졌고, 길어지는 병원 생활은 오히려 건강을 악화화는 결과를 가져왔다.

긴 병원 생활 중 정은 씨의 아버지는 폐암 진단을 받으셨다. 너무 늦게 발견되었고, 고령임을 고려했을 때 더 이상의 수술이나 항암치료는 하지 않았다. 하루하루 시름시름 앓으시다 의식을 잃는 날들이 많아졌지만, 딸을 향한 걱정은 줄어들지 않으셨다. 걱정과 아픔의 시간을 반복하던 어느 날, 정은 씨의 아버지는 3년이라는 긴 병원 생활을 마감하셨다.

정은 씨는 아버지의 부고 소식을 전해 듣고 하염없이 눈물을 흘렸다. 정은 씨는 여전히 거실의 문턱을 넘지 못하고 집에서 몇 날 며칠을 울기만 했다. 아버지의 마지막을 지키지 못한 정은 씨의 마음, 딸을 끝까지 품지 못하고 세상을 떠난 아버지의 마음을 생각하면 창석 씨는 아직도 가슴 한편이 아리다고 한다.

아버지가 돌아가신 뒤 남은 가족은 언젠가 겪게 될 어머니의 부재를 걱정하며 정은 씨의 거취를 고민하기 시작했다. 형제자매들은 정은 씨를 시설로 보내자고 의견을 모았다. 하지만 아버지만큼 딸을 아꼈던 어머니의 강한 거부로 이루어지지 않았다. 집에 있어도 바깥세상에 나가지 못함은 매한가지지만, 그래도 어머니는 본인이 눈감는 날까지 딸을 품겠노라 하셨다. 그게 가족이라 하셨다.

"못 보던 휠체어네?"
"이모 저 교회 다닌다고 교회에서 하나 사줬다"

얼마 전 창석 씨는 외갓집을 방문했다. "할머니" 하고 부르기엔 창석 씨의 나이가 부끄러웠는지 이제는 조용히 마당을 걸어 들어간다. 마당에 들어서는 조카를 발견한 정은 씨는 예전이나 지금이나 변함없이 늘 먼저 거실 미닫이문을 드르륵 열며 맞이해준다.

"아이고, 우리 조카 왔나" 하며, 어눌한 발음에 여전히 얼굴근육이 일그러졌지만, 여전히 누구보다 먼저 창석 씨를 반기는 정은 씨다.

반가운 마음에 이모를 향해 걸어가다가 그간 보지 못했던 물건을 하나 발견했다.

"어, 못 보던 휠체어네?" 마당과 거실을 연결하는 공간에 못 보던 휠체어가 있었다. 같이 따라 들어오던 정애 씨는 외 갓집 앞에 새로 생긴 작은 교회를 가리켰다.

"응. 이모 저 교회 다닌다고 교회에서 하나 사줬다."

몇 해 전 외갓집 앞에 작은 교회가 생겼다. 작은 시골 마을이고 노인들만 사는 동네에 웬 교회인가 싶었는데, 정은 씨는 그 교회 덕분에 평생 나가지 않던 마당을 지나 집이라는 테두리를 벗어나게 되었다. 한쪽 손에 흰 장갑을 낀 의수를 착용한 목사님은 주일이 되면 정은 씨를 직접 데리러 오셨다. 정은 씨를 휠체어에 태우고 직접 교회로 가서 예배를 드리고 집으로 돌아오신다고 했다. 그뿐 아니라 교회의 도움으로 최근에 1박 2일로 제주도도 다녀왔다. 정은 씨는 덕분에 비행기도 타고 바다도 봤다며 웃었고, 다음 주에는 속초에도 간다고 했다. 어린아이처럼 좋아하는 이모의 모습을 보자니 창석 씨의 마음이 짠했다. 아무렇지 않게 집을 떠나

가고 싶은 곳을 가고, 비행기도 타고 여행도 다니는 창석 씨
는 괜히 이모에게 미안해졌다. 사실 그의 집안은 유교와 불
교를 믿는 터라 기독교를 배척했는데, 한 번도 불러보지 못
한 하나님께 감사한 마음이 생겨났다고 한다. 마침 정은 씨
를 데리러 오신 목사님께 연신 고개를 숙이며 "감사합니다.
감사합니다"를 반복했다. 집 앞에 교회가 세워질 때부터 싫
은 내색을 비추던 정애 씨도 동생을 세상 밖으로 이끌어준
목사님과 교회가 싫지는 않은 듯, 밝은 표정과 감사의 마음
으로 인사를 했다.

야이야, 나중에 네가
이모 잘 해줘래이

정애 씨는 맏딸이다. 세월에 더해진 어머니의 연세만큼
정애 씨의 나이도 이제 일흔을 넘어섰다. 비로소 집이라는
테두리를 벗어나 행복해하는 정은 씨를 본 정애 씨는 집에
돌아오는 차 안에서 창석 씨에게 조용히 말했다.

"야이야, 나중에 네가 이모 잘 해줘래이. 네가 잘 아니까
이모 잘 챙겨줘야 된다."

동생의 죽음이 언제일까 궁금해하던 정애 씨는 동생의 밝은 표정을 본 뒤로 동생의 인생에 대해 다시금 생각하게 되었다. 이제는 동생이 지금처럼 행복하게 오래오래 살았으면 한다. 동생의 인생을 수명의 길이가 아닌 '삶'으로 인정했고, 이제는 동생의 삶 속으로 들어가 함께 의지하며 살아가고자 한다.

그리고 창석 씨는 이런 생각이 들었다고 한다. '마당을 뒹굴고 뛰어다니던 다섯 살의 어린 조카를 보며 이모는 어떤 생각을 했을까? 그리고 지금 집으로 돌아가는 내 뒷모습을 보며 이모는 또 어떤 생각을 할까? 이모는 마당을 벗어나서 더 행복할까? 아니면 이렇게 쉬운 것을 여태껏 하지 못했던 과거에 대해 안타까워할까. 왜 그때 난 이모의 마음은 생각해보지 않고 함께하지 못해 안타까웠던 내 마음만을 생각했을까. 왜 난 줄곧 이리도 쉬운 것을 실행하지 못했을까.'

창석 씨는 모든 게 아쉽고 미안하기만 하다. 어쩌면 이모는 새로운 삶을 시작했으리라. 다음번에는 외갓집이 아니라 창석 씨의 집에서 이모를 만나보고 싶다고 한다. 외갓집 마당을 지나 차를 타고 창석 씨 집 마당으로 들어서는 이모를 보며 창문을 드르륵 열며 외치고 싶다고 한다.

"아이고, 우리 이모 왔나" 하고.

정은 씨는 이제 '그래도 아픈 손가락'이 아닌, 서로의 삶을 인정하고 의지하며 따뜻한 웃음으로 가득 찬 빛나는 삶을 오늘도 살아내고 있다.

'그래도 아픈 손가락', 그 손가락은 바로 나의 이모, 그러니까 일흔이 넘은 우리 엄마 정애 씨의 여동생이자, 아흔이 넘은 우리 외할머니의 딸이다.

장애와 노화라는 이중고

그렇게 다시 몇 해가 지나고 거동이 더 힘들어진 어머니는 요양병원에 가게 되었고, 정은 씨는 시골집에 홀로 남아 외로이 시간을 보내고 있다. 자식을 시설로 내몰지 않으려던 어머니는, 결국 세월의 무게를 견뎌내지 못하고 '시설' 같은 요양병원에서 생활하게 되었다. 그래도 다행인 점은, 이젠 정은 씨가 가족들의 도움을 받아 함께 마당을 지나 차를 타고 어머니를 만나러 간다는 것이다.

오늘도 정은 씨는 행여나 누군가 찾아올까 하루 종일 조그마한 창 너머의 너른 마당을 바라보고 있다.

장애인의 고령화, 노인의 장애인화

정애 씨와 정은 씨, 그리고 그들의 어머니는 모두 65세가 넘는 고령인구에 속한다. 우리나라는 2024년에 이미 65세 이상 인구가 1,000만 명을 넘어섰으며, 2025년 약 1,051만 명으로 늘어났다. 이로써 우리나라는 65세 이상 인구가 전체 인구의 20퍼센트를 넘어서는 초고령사회에 진입했다. OECD 국가 38개국 중 일본이 약 30퍼센트로 가장 높고, 우리나라가 아시아 국가 중에서는 두 번째로 20퍼센트 이상인 국가가 된 것이다. 인구 다섯 명 중 한 명가량을 차지하는 이들의 평균 자산은 4억 원을 넘지만, 소득이 중위소득의 50퍼센트 이하인 인구 비율을 뜻하는 상대적 빈곤율은 OECD 국가 중 최고 수준에 머무르고 있다. 이들은 월평균 70만 원 정도의 연금을 받고 있는데, 이는 1인 가구 최저생계비인 124만 원에 훨씬 못 미쳐 많은 노인이 빈곤한 삶을 살아가고 있다. 이로 인해서인지 통계청의 〈2025 고령자 통계〉 보고서에 따르면 약 35퍼센트의 노인만이 자신의 삶에 만족한다고 이야기한다.[17]

이러한 노인 인구의 증가는 앞으로 부양해야 할 인구의 증가를 의미하는데, 이는 저출산과 함께 인구 붕괴의 시기를 불러올 것이며 2072년에 이르러서는 생산연령 10명이 노인이나 유소년 12명을 부양해야 하는 부담을 떠안게 된다.[18]

정애 씨, 정은 씨 그리고 그의 어머니는 고령인구에 속하면서 모두 장애인 등록이 된 고령장애인이기도 하다. 정은 씨는 태어날 때부터 장애가 있었고, 정애 씨는 무릎 수술을 두 번이나 받으면서 장애인 등록이 되었다. 그의 어머니 또한 노화로 인한 신체의 기능 저하로 자연스레 장애인 등록이 되었다. 고령장애인은 장애와 노화라는 이중고를 겪게 되는데, 일반적으로 노인과 장애인이 각각 경험하는 어려움보다 더 복잡하고 심각한 문제를 겪는다. 우리나라 장애인 중 65세가 넘는 고령장애인은 이미 50퍼센트를 넘었다. 2022년 조사에서 52.8퍼센트를 기록했으며 이후로도 계속해서 증가 추세에 있다.[19]

이렇게 고령장애인의 비율이 높아지고 있는 이면에는 '장애인의 고령화'와 함께 '노인의 장애인화' 현상도 있다. 장애 원인 중 후천적 원인, 즉 살아가면서 사고와 질병으로 장애인으로 등록하는 경우가 많고, 특히나 나이가 들면서 자연스레 신체 기능이 저하해 장애를 갖는 경우가 많기 때문이다.

이 둘의 과정은 표면적으로는 같아 보이지만 사실상 다른 결과를 보인다. 이미 장애가 있는 상황에서 노화 경험을 하게 되면 그동안 사회적 서비스를 받으며 유지되어온 삶을 살아간다. 이미 친숙한 환경에서 노후를 만들어가며, 이미 장애인이라는 집단에 속해 있기에 심리적 어려움이 덜해 노후의 삶의 질이 비교적 높다. 하지만, 노화 과정에서 장애를 경험하면 자신이 장애인 집단에 속해야 한다는 심리적 어려움을 겪게 된다. 겪어보지 못한 장애로 인한 불편함을 경험해야 하는데, 이미 노화 과정에 있기에 이 불편함에 쉽게 익숙해지지 못하는 나이다. 겪어보지 못한 장애와 노화의 두 과정을 함께 경험하면서 신체적 어려움과 심리적 어려움을 동시에 겪고, 돌봄을 제공해줄 가족과 주변 사람들도 같은 어려움을 겪을 확률이 높아 이러한 큰 변화에 적응하지 못하고 시설에 입소하기도 한다.

장애인의 조기노화 문제

20년의 학교 현장에서 만난 제자들과 졸업 후에도 연을 이어가고 있다. 늘어나는 나이만큼 아이들의 나이도 늘어나 마흔을 바라보는 아이들도 제법 있다. 서로 안부를 묻고, 가끔 만나는 과정에서 비장애인과 달리 유난히도 빠르게 노화 과정을 겪는 아이들을 본다. 이러한 현실을 마주할 때, 고령장애인을 규정하는 나이가 꼭 '65세 이상'이어야 할지

의문이 든다. 노화 과정에서 겪는 신체 기능의 저하는 경제 활동에서 멀어지게 하고, 이는 다시 경제적 어려움을 불러온다. 노인빈곤율이 높은 우리나라임을 감안했을 때, 장애인은 15세 이상 비경제활동인구 비율이 60퍼센트가 넘고, 전체 인구와의 고용률 격차가 30퍼센트에 육박한다는 점에서[20] 고령장애인의 빈곤율은 상상을 초월할 것으로 보인다.

그뿐만 아니라 장애와 노화를 함께 겪어서 발생하는 부가 지출도 생겨난다. 의료비, 이동비, 보조기기비, 지원을 더 받기 위한 인건비 등 더 많은 비용이 필요한 현실이다. 소득 불안정과 경제적 어려움을 겪는 대부분의 고령장애인은 기초연금과 장애연금에 의존해서 살아가는데 이에 보태어 다른 부가적 지원 정책이 필요해 보인다.

앞서 언급했듯 고령장애인이 급속도로 증가하는 추세 속에서 조기노화도 함께 고민해봐야 한다. 일반적으로 오랜 기간 장애를 갖고 살아가다 고령화된 발달장애인은 비장애인보다 15~25년 빨리 조기노화를 경험한다는 연구 결과도 있다. 영국에서는 이러한 현상을 반영해 지적장애인은 50세, 그중 다운증후군 장애인은 40세를 노인으로 하자는 잠재적 합의도 이루어졌다.[21]

조기노화와 함께 이차장애(원래 있던 장애로 인해 나타나는 이

차적인 건강 문제)와 만성질환의 어려움도 있다. 비장애인에 비해 4~6배 정도의 호흡기장애, 당뇨, 심혈관 문제, 골다공증이 발생하며, 갑상샘저하, 관절염, 폐질환 등의 노인성질환과 합병증의 위험성도 높다.[22] 그리고 발달장애인의 경우 의사 표현의 어려움으로 치매의 조기진단이 힘들어 미리 치료받지 못해 증상이 악화되는 경우도 많다. 이러한 조기노화와 이차장애, 만성질환 등으로 많은 고령장애인은 우울, 불안 등의 정신건강의 어려움도 겪게 된다. 또한 이러한 건강상의 위험은 불안정한 경제활동과 고용 유지, 치료 비용의 증가로 이어져 경제적 어려움을 가중하기도 한다.

보호자의 고령화와 돌봄 공백

이러한 건강상의 위험에서 벗어나고자, 장애인의 건강 관리를 위해 2018년부터 장애인건강주치의제도를 시행하고 있다. 하지만 의료진의 저조한 참여, 서비스 및 이용 대상의 제한 등으로 장애인들이 편히 이용하기에 어려움이 많아 제도가 활성화되지 못하고 있다. 결국 고령장애인은 본인 스스로 자신의 건강 문제를 관리하고 해결해나가고 있다.

고령장애인의 문제는 여기서 끝나지 않는다. 이들을 돌보는 돌봄제공자의 어려움도 사회적 문제가 된다. 장애 당사자의 노령화로 인해 장애가 심화되고, 돌봄제공자는 더 높은 강도의 돌봄 부담을 안는다. 이러한 고강도의 돌봄 부담은 스트레스와 우울증, 건강 문제와 사회참여 단절로 이어진다.

특히 발달장애인을 돌보는 보호자는 자녀가 어릴 때부터 돌봄을 책임지며 살아왔기에 자녀보다 더 고령의 상황에 놓여도 계속된 돌봄을 수행하게 된다. 이러한 상황이 계속되어 보호자도 노화와 질병으로 더 이상 자녀를 돌볼 수 없게 되었을 때는 돌봄의 공백이 발생하게 된다. 따라서 더 체계적이고 현실적인 지원 정책이 있어야만 한다. 실제로 이러한 어려움으로 발달장애인 가족의 약 60퍼센트가 극단적 선택을 고민한 적이 있다고 한다. 이러한 고민을 한 이유는 발달장애인 자녀를 평생 지원하고 돌봐야 한다는 부담감과 돌봄 과정에서 겪게 되는 신체적·정신적 어려움 때문이었다.[23]

우리 사회의 소중한 구성원

정리해보면 고령장애인은 다양한 건강 문제에 직면하고 있으며, 장애와 노화라는 이중의 어려움으로 일상생활을 수행하는 데 어려움을 겪고 있다. 건강상의 어려움과 신체 기능의 저하로 경제활동 참여에 제한이 생겨 경제적 어려움으로 이어지고, 이는 사회활동 참여 제약 등을 야기해 사회적 고립으로 이어진다. 이러한 어려움을 해결하기 위해 고령장애인에 대한 다양한 정책과 제도가 필요한 상황이지만, 아직까지 많이 부족한 상태다.

장애인 등록 인구 중 이미 절반이 넘어선 고령장애인의 어려움을 해결하기 위해 장애인연금 및 수당의 현실화와 노후의 소득을 보장하는 방안을 마련해야 한다. 소득보장과 연계해 고령장애인에게 적합한 일자리 개발도 필요하다. 일하기를 희망하는 노인에게 일할 기회를 제공하는 사회복지에 기반한 노인일자리사업처럼, 일하기를 희망하는 고령장애인을 위해 특화된 일자리 개발과 제공이 이루어진다면 이들의 활기찬 노후와 삶의 질 향상에 도움이 될 것이다. 신체 기능의 저하로 겪는 일상생활의 어려움을 보완하기 위해 충분한 서비스 내용과 시간이 보장된 활동 지원과 보조기기를 제공해야 하며, 방문간호, 방문요양서비스 확대, 가족 지원 강화, 돌봄서비스 제공 등의 지원책을 마련해 돌봄 체계를 강화해야 한다. 그뿐만 아니라, 고령장애인이 사회적으로 고립되지 않도록 사회참여를 위한 프로그램을 확대

하고 자조모임을 지원하며 지역사회 연결을 강화해나가야
한다.

고령장애인도 우리 사회의 소중한 구성원이다. 존엄하
고 건강한, 활기찬 노후를 보낼 권리가 있다. 이들의 어려움
을 함께 이해하고 고민하면서 개인에게 맞는 맞춤형 지원
체계를 만들어나가야 한다. 이러한 이해와 관심, 노력은 어
쩌면 언젠가의 나 그리고 가족, 주변 사람들이 살아가게 될
'고령장애인'으로서의 삶을 행복하고 안정적으로 살아갈 수
있게 할 것이다.

처음 교단에 섰을 때, 저의 가장 큰 고민은 장애가 있는 아이들에게 무엇을 '가르칠 것인가'였습니다. 그로부터 20년이 흐른 지금, 책을 마무리하며 저는 스스로에게 다른 질문을 던져봅니다. '우리는 이 아이들에게 어떤 사회를 물려주고 있는가.' 교실 안에서 아무리 최선을 다해 가르쳐도, 교실 밖의 세계가 아이들을 기다려주지 않는다면 학교에서의 노력만으로는 결코 충분하지 않다는 사실을 졸업한 제자들을 만나며 배워왔습니다.

인권운동가 주디스 엘런 휴먼은 말했습니다. "장애가 비극이 되는 순간은, 사회가 우리에게 필요한 것을 제공하지 않을 때뿐이다." 오랫동안 우리는 장애를 개인의 불행이나 극복해야 할 결핍으로 치부해왔습니다. 누군가는 동정의 눈길을 보냈고, 누군가는 특별한 의지로 이겨내야 할 시련으로 여겼습니다. 그러나 그런 시선들이 정작 간과한 사실이 있습니다. 장애를 만드는 것은 개인의 신체가 아니라, 그 신체를 온전히 받아들이지 못하는 사회의 구조라는 점입니다.

그의 통찰처럼 장애가 비극으로 변하는 지점은 명확합니다. 필요한 지원이 거부될 때, 접근이 차단될 때, 그리고 한 인간의 존엄이 존중받지 못할 때입니다. 즉, 비극은 몸에서 시작되는 것이 아니라 무관심과 차별, 그리고 준비되지 않은 사회에서 비롯됩니다. 이 깨달음은 우리에게 중요한 질문의 전환을 던집니다. '그들이 어떻게 살아가야 하는가'가 아니라, '우리는 어떤 사회를 만들어야 하는가'라는 질문을요. 우리가 해야 할 일은 거창한 것이 아닙니다. 조금 더 귀 기울여 듣고, 조금 더 인내하며 기다려주는 것, 그리고 처음부터 '모두'를 포함하는 환경을 설계하는 일입니다. 동정 대신 권리를 이야기하고, 시혜적인 배려 대신 당연한 접근성을 보장하는 것. 우리는 그저 함께 살아가기 위한 이 최소한의 약속을 지켜나가면 됩니다.

이 책에 담긴 여덟 개의 이야기는 저마다 다른 삶의 모습을 보여줍니다. 세상의 모진 말들에 부딪히며 자신의 장애를 수용해가는 아이, 자신이 겪은 상처를 제자들은 겪지 않게 하려는 교사, 당당한 사회 구성원이 되기 위해 분투하는 청년, 자녀를 위해 많은 것을 던지고 헌신하는 부모들, 통합교육을 위해 선택한 특수학급에서 오히려 친구를 잃어버린 아이, 꿈을 위해 대학에 갔지만 지원 체계가 없어 힘들어하는 학생, 그리고 장애와 노화라는 이중고를 마주한 가족까지. 하지만 이러한 학교 교육과 대학 진학, 노동과 자립, 부모와 자녀의 관계, 노화에 이르는 모든 과정은 결국 한 사람의 어른이 되어가는 경로입니다. 이는 장애 여부와 상관없이 우리 모두가 공유하는 보편적인 고민이기도 합니다. 장애인의 삶을 '특수한 사례'로 가둘 것이 아니라, 우리 모두가 겪는 삶의 고뇌로 바라봐야 하는 이유입니다.

특수교사로서, 그리고 이 책의 저자로서 저는 여전히 배우는 중입니다. 저는 이 책이 하나의 마침표가 아닌, 새로운 대화의 시작이기를 바랍니다. 교실에서 사회로, 보호에서 관계로, 배려에서 권리로 나아가는 논의가 이어지길 소망합니다. 발달장애인의 삶이 '도움의 대상'이 아니라 '함께 살아가는 이웃'의 삶으로 읽히기를 바랍니다. 어른이 된다는 것은 완벽해지는 일이 아니라, 자기 삶의 주어가 되는 일일지도 모릅니다. 이 책 속의 주인공들은 이미 그 길을 당당히

나아가고 있습니다. 이제 그 길을 얼마나 넓고 단단하게 만들 것인지는 사회의 일원인 우리 모두의 몫입니다. 아이들이 어른이 되는 것은 기적이 아니라 당연한 순리여야 합니다. 그 순리가 장애라는 이유로 멈추거나 꺾이지 않도록, 우리 사회가 더 많은 이야기를 나누고 더 넓은 자리를 내어주길 간절히 바랍니다.

이제 다시 각자의 자리로 돌아갈 시간입니다. 아이들의 성장을 지켜보는 이 행복한 직업을 가진 저는, 내일도 설레는 마음으로 교실 문을 열겠습니다. 그곳에서 우리 모두의 '어른 되기'가 다시 시작되고 있을 테니까요.

주

1   보건복지부·한국보건사회연구원, 〈2023년 장애인 실태조사 참고자료〉, 2024, 6쪽.

2   한국장애인고용공단 고용개발원, 〈2024년 발달장애인 일과 삶 실태조사〉, 2025, 183쪽.

3   같은 보고서, 170쪽.

4   교육부 국립특수교육원, 〈장애영유아 양육 길라잡이 제6권-공통(가족지원)〉, 2016, 11쪽에서 재인용.

5   양지나, 〈발달장애 자녀를 둔 부모의 장애수용과 부모 효능감이 삶의 만족도에 미치는 영향〉, 차의과학대학교, 2020, 56쪽.

6   한국장애인고용공단 고용개발원, 〈2024년 발달장애인 일과 삶 실태조사〉, 270쪽, 274쪽.

7   박정민, 〈장애아 어머니의 장애수용이 양육스트레스에 미치는 영향: 역기능적 신념과 낙관성의 매개효과를 중심으로〉, 대구대학교, 2016, 8쪽에서 재인용.

8   보건복지부·한국보건사회연구원, 〈2023년 장애인 실태조사 보고서〉, 2024, 162쪽, 166쪽.

9   한국장애인고용공단 고용개발원, 〈2024년 발달장애인 일과 삶 실태조사〉, 140쪽.

10   같은 보고서, 311쪽.

11   최인철, 《아주 보통의 행복》, 21세기북스, 2021, 241쪽.

12   교육부, 〈2025 특수교육통계〉, 2025, 4쪽.

13   교육부, 〈2002 특수교육실태조사서〉, 2002, 1쪽.

14 이성아·박승희, 〈발달장애학생의 전문대학 기반 중등이후교육 운영 체계 개발을 위한 교육관련자, 학생 및 학부모의 경험과 지원요구〉, 《특수교육》, 제21권 제3호, 2022, 116쪽.

15 광주광역시장애인종합지원센터 장애빅데이터플랫폼, 〈5-8. 전국 장애 대학생 재학 현황〉, https://bigdata.gjdsc.or.kr/charts/520.

16 교육부·한국교육개발원 국가교육통계센터, 〈2025년 직업계고 졸업자 취업통계조사〉, 2025, 1~2쪽.

17 통계청, 〈2025 고령자 통계〉, 2025, 24쪽.

18 통계청 통계개발원, 《KOSTAT 통계플러스》, 제27호, 2024, 21쪽.

19 보건복지부, 〈2022년도 등록장애인 현황 통계 발표〉, 2023.

20 한국장애인고용공단 고용개발원, 〈2025년 상반기 장애인경제활동실태조사〉, 2025, 111쪽.

21 김창환, 〈발달장애인의 노화와 가족의 돌봄부담에 관한 연구〉, 대구대학교, 2023, 7~8쪽.

22 송윤재, 〈고령장애인과 돌봄제공자를 위한 지원정책 제안〉, 《고령장애인 정책 실현전략 마련 토론회》, 한국장애인단체총연맹, 2024, 23쪽에서 재인용.

23 같은 보고서, 24쪽에서 재인용.